# Histoire de familles

2

# Histoires de familles

SODEC
Québec

Gouvernement du Québec – Programme de crédit d'impôt
pour l'édition de livres – Gestion Sodec

# Tables des matières

6

# Avant-propos

Mon père n'est pas un modèle de réussite selon les critères de notre société actuelle. Il n'est pas riche. Il est célibataire depuis vingt ans. Aucun trophée ne ramasse la poussière sur le manteau de son foyer. Pourtant, c'est un homme profondément heureux. Il cultive son bonheur en dehors de cette course au temps, à l'argent et à la gloire.

Mon père est un grand sage. Un humaniste, un érudit, un épicurien un peu fantasque. C'est un homme empathique, aimant et profondément sensible. J'ai toujours dit que mon père était en fait ma mère, tandis que celle-ci jouait le rôle traditionnellement réservé au père.

Mon père est un parent de vocation. Chaque soir, il inventait des histoires pour mon frère et moi. Il créait des univers de fées, d'archéologues, de vendeurs de choucroute allemands ou d'enfants issus de la ville et de la campagne. Tous les soirs, je voyais ces mondes s'animer dans ses beaux yeux gris. Il développait de véritables sagas qui se déployaient sur plusieurs mois. Je lui dois mes talents de conteuse. Pourtant, mon père n'est pas un auteur.

Chaque jour, il me faisait étudier. Il donnait de son temps sans compter pour m'aider à réaliser mes travaux scolaires. Il ne me mettait aucune pression, mais il savait que pour moi, réussir à l'école était une priorité. Je me souviens d'une nuit alors que j'étais à l'université, j'avais un gros examen le lendemain. Je devais réviser un siècle d'histoire et j'étais malade comme un chien. Mon père a passé la nuit blanche avec moi pour me soutenir et me faire répéter. Je prenais parfois une dizaine de minutes pour m'assoupir. Lui me veillait et me réveillait à l'heure dite. J'ai toujours été première de classe et je sais que je lui dois en grande partie ma réussite académique. Pourtant, mon père a déjà redoublé une année.

Pour chaque moment important de ma vie, il était là, à mes côtés. Sans jamais m'envahir. Sans jamais vivre son bonheur par procuration. Il m'a toujours mieux compris que moi-même. En tant que psychologue, il a su m'écouter, me comprendre et m'aider à m'épanouir, sans que je me sente analysée à chaque instant. Il m'a transmis sa qualité d'écoute, son amour de l'être humain et sa tolérance. Je sais que je lui dois mon désir d'être intervieweuse. Pourtant, mon père n'a jamais nourri de telles ambitions pour lui-même.

Pour nous donner le meilleur, mon père a fait fi de ses limites. Il nous a permis de croire que tous nos rêves étaient possibles. Il a endigué les côtés sombres de ses ancêtres pour ne laisser filtrer que la lumière. Un tel rapport est certes épanouissant. Le danger est toutefois d'en devenir dépendant. Il faut un jour s'en détacher pour devenir autonome. Longtemps, j'ai douté de pouvoir réussir seule un projet.

Grâce à cette relation intense, riche et éternelle, j'ai toujours été fascinée par les liens entre un père et sa fille, entre une mère et son fils. Ce chassé-croisé bien souvent passionnel. Cet œdipe pas toujours résolu. Cette filiation, véritable condensé d'émotions puissantes.

Avec ce livre, j'ai eu envie de raconter treize histoires différentes, relatant treize relations uniques. J'ai voulu explorer un large spectre, pour que chacun puisse se reconnaître dans l'une ou l'autre de ces entrevues. Animateurs, politiciens, sportifs, comédiens, musiciens, chanteurs, humoristes : tous ont des parents, certains ont des enfants. J'ai aussi tenu à relater la vie d'une « personne ordinaire » à l'histoire extraordinaire. Avec ces Histoires de famille, j'espère vous toucher avec ces relations fondatrices déterminantes pour chaque être humain.

# Christiane Charette

## Conversation

Pour les plus jeunes, Charette est le nom de famille de Christiane, animatrice de talent et intervieweuse d'exception. Les plus vieux, eux, se souviennent de Raymond, son père, animateur, annonceur et journaliste à Radio-Canada. Sacré Meilleur Annonceur du Québec en 1961, il est connu pour avoir animé les émissions *Tous pour un*, Atome et Galaxies, et le premier débat politique télévisé au Québec.

Raymond est décédé au début des années 1980, avant que Christiane ne suive réellement ses traces. Aujourd'hui, elle est donc la seule à pouvoir témoigner du lien privilégié qu'elle a entretenu avec son père, ce travailleur acharné et rigoureux et cet homme empathique et sensible.

C'est un honneur que Christiane ait accepté de participer à ce livre, car si c'est son père qui lui a transmis le goût du métier, c'est elle qui me l'a donné.

Comme elle le dit, ce n'est jamais évident de rendre compte d'une relation.

*Ayant travaillé avec elle, je me permets de la tutoyer.*

**Entrevue**

### Comment expliques-tu que tu sois devenue animatrice comme ton père ?

J'ai tout de suite été fascinée par son métier. Probablement parce que je l'adorais. Il aurait fait n'importe quel métier et j'aurais été intéressée. Il a tout de suite été attentif à mon intérêt pour ce qu'il faisait. Mon père a toujours donné aux enfants, pas seulement aux siens, la même attention qu'il donnait aux adultes. Si je lui posais des questions sur son travail, il me répondait vraiment. Il m'emmenait avec lui sur les plateaux. Il nourrissait ma curiosité.

### Quelles leçons en as-tu tirées ?

Quand j'avais cinq ans, il m'a dit avec beaucoup de sérieux : « Quand on pose une question, on écoute la réponse. On ne pense pas à sa prochaine question. » Il m'expliquait le métier comme si je devais moi-même l'exercer le lendemain. Il me faisait comprendre ce que ça voulait dire d'être en direct. D'une certaine façon, très simplement, il m'a transmis les principes fondamentaux de ce métier : l'écoute, l'attention à l'autre, la présence, le naturel. La préparation était pour lui primordiale.

### Sur le plan personnel, comment voyais-tu ton père ?

Enfant, je savais que j'avais un père merveilleux. Je regardais les autres pères et je trouvais qu'ils n'étaient pas aussi intéressants que le mien. L'attention qu'il me donnait avait beaucoup de valeur pour moi. Certains m'ont dit que je l'idéalisais, mais jusqu'à ce jour, je pense qu'il était exceptionnel.

### Quel en est ton souvenir le plus lointain ?

Je crois que je confonds parfois les souvenirs et les photographies. Je me souviens par contre qu'il m'avait emmenée en auto à la campagne. J'étais seule avec lui. Il avait embarqué quelqu'un sur le pouce. Ça m'avait beaucoup impressionnée. Je le trouvais cool, bien que je ne connaissais pas le concept de « cool », à l'époque.

J'ai des souvenirs de Noël. Mon père était très perfectionniste. Il faisait le sapin avec la même rigueur qu'il faisait son métier. Par exemple, sous son œil attentif, mes sœurs et moi devions poser chaque glaçon individuellement ! On s'amusait beaucoup.

Une fois, on avait fait du camping au bord de la mer. Je haïssais ça pour mourir. Je me rappelle qu'il était venu me voir et m'avait dit : « Tu n'aimes pas ça ? Ce n'est pas grave. Demain, on s'en ira à New York. » Je ne crois pas qu'on soit partis à New York uniquement à cause de moi, mais il avait deviné ce que je ressentais et il était venu me le dire. Il l'avait nommé. Avec lui, on n'était jamais obligé de réprimer notre individualité.

Mais ce dont je me souviens le plus, plus que d'un moment particulier, c'est l'atmosphère qui entourait mon père. C'était toujours un peu magique. Il était quelqu'un de magnétique. Il donnait le ton, un climat familial chaleureux. Je me rappelle ce qu'était l'atmosphère quand mon père était vivant. Je sais très bien aussi ce que c'est quand il n'est plus là.

### Et qu'est-ce que c'est quand il n'est plus là ?

J'avais trente-deux ans quand il est décédé, lui en avait cinquante-quatre. L'image qui m'est venue alors, c'est celle d'un pont. Imaginons le pont Jacques-Cartier. Tu es sur le pont. Le pont est solide, mais il n'y a pas de garde-fou. Ce qui te protégeait n'existe plus.

### Qu'est-ce qui t'a rendue la plus fière de ton père ?

Mon père était un homme bienveillant, attentif aux autres et facile d'approche. Quand il animait à la télévision, ses qualités transparaissaient. J'étais fière de ça.

### Lorsque tu étais jeune, c'était assez bohème chez toi. Est-ce que ça venait de ton père ?

De mon père et de ma mère. Mais quand on dit ça, on peut imaginer une maison où ça entrait et sortait. Ce n'était pas ça. Nous étions davantage une cellule familiale. On avait du plaisir à être ensemble. Il n'y avait pas d'horaire. On parlait, on buvait du vin, on écoutait de la musique. Nos amis étaient les bienvenus. Les soirées s'éternisaient.

### Ton père a même invité François Truffaut à la maison.

C'était inhabituel pour lui de ramener un invité à la maison après une entrevue. Et la fois où il le fait, c'est avec François Truffaut ! J'avais quatorze ans. François Truffaut était mon cinéaste préféré. Quand mon père a téléphoné à ma mère pour la prévenir qu'il reviendrait avec lui, on était tellement énervées que je me rappelle davantage de cette excitation que de l'avoir rencontré.

**Ton père était une personne publique. Est-ce que ça avait un impact sur toi ?**

Quand j'étais jeune, mon père animait *Tous pour un*, une émission qui était très regardée. À l'école, mon identité était beaucoup déterminée par la notoriété de mon père. Parfois, je trouvais ça un peu difficile, mais en même temps, j'étais fière d'être sa fille.

**Qu'est-ce qui vous distingue, ton père et toi, dans votre façon d'animer ?**

Beaucoup de choses. J'ai voulu devenir animatrice parce que j'ai vu mon père faire un travail qui le passionnait. Lui, il a choisi son métier alors que rien dans son contexte familial ne l'y amenait. Il est né dans Hochelaga. Il a dû travailler très jeune pour payer ses études collégiales et universitaires. Il n'avait aucun contact et a dû être très déterminé et très persévérant pour réussir à entrer à Radio-Canada où il voulait travailler. C'est René Lévesque qui lui a donné sa première chance. Les animateurs de cette génération maîtrisaient totalement leur voix et tous les aspects du métier. Je n'ai pas cette polyvalence, ma voix n'est pas placée. Moi, ce que je sais faire, c'est du Christiane Charette. Le métier n'est plus le même. Mon père est entré à Radio-Canada l'année où la télévision est arrivée. Tout était à inventer.

# C'est comme si mon métier m'avait permis de

**Tu as fait des études en philosophie comme ton père. As-tu aussi choisi ce champ d'études à cause de lui ?**

Le métier est arrivé par lui, mais pas la philo. C'est plutôt grâce à mes amis et à mes professeurs du cégep. Quand je suis arrivée à l'université, je me suis rendu compte que mon intérêt pour la philosophie n'était pas assez grand pour poursuivre. J'ai pris une année sabbatique pendant laquelle j'ai été libraire. J'ai réalisé que je regardais toujours les livres d'histoire de l'art. Et c'est là que j'ai décidé de retourner à l'université en histoire de l'art.

**Tu pouvais enfin lui montrer quelque chose à ton tour.**

Ce n'est pas que je voulais lui montrer quelque chose. Il s'est toujours intéressé à ce qui me passionnait. Mon père était un homme curieux, ouvert, qui avait envie d'entendre parler d'autres choses que du métier qu'il connaissait. Il a même quitté le métier quelques années pour étudier le droit. Il avait demandé à Radio-Canada une décharge de travail pour étudier à temps plein. J'étais à l'université en histoire de l'art et je voyais mon père à la cafétéria avec des étudiants de droit de mon âge. De mon côté, j'aimais beaucoup mes études.

À cette époque, j'avais même abandonné mon rêve d'être animatrice.

**Qu'est-ce qui t'a ramenée à tes premières amours ?**

J'ai travaillé dans le milieu de l'art contemporain, au Musée des beaux-arts de Montréal. J'organisais des évènements, j'allais à New York. C'était une vie que je trouvais formidable. Mais un jour, je me suis aperçue que, même si j'adorais mon travail, je ne voulais plus être juste celle qui organise. Le désir de devenir animatrice, de faire de la radio et de la télévision, est revenu en force.

**Te souviens-tu de la réaction de ton père quand tu lui en as parlé ?**

Il était déjà malade. Je sais que ça l'a déçu. Je ne sais pas si je peux dire déçu, mais inquiété. C'est un métier dont il connaissait les limites et les difficultés. Il savait ce que ça exigerait de moi. S'exposer n'est pas dans notre nature. Ce paradoxe-là, je le vis, et lui, il le vivait probablement encore plus que moi.

# continuer nos conversations.

**Toi qui étais si proche de ton père, comment as-tu vécu sa maladie ?**
La maladie, ça n'est pas comme un accident. Ça s'installe doucement. Pendant les derniers mois, je ne travaillais pas, j'étais complètement disponible, je passais beaucoup de temps avec lui. Il y avait quelque chose de lent, de doux. Il savait qu'il était en train de mourir. Je savais que chaque minute était comptée, qu'il me manquerait pour toujours.

**Dans ta vie personnelle, aurais-tu aimé qu'il soit présent à certains moments ?**
Tout le temps. Il y a un vide immense dans notre famille.

**Jeune, pensais-tu déjà au moment où il ne serait plus là ?**
C'est étrange, mais déjà quand j'étais petite, je pressentais qu'il mourrait jeune.

**Depuis son départ, est-ce qu'il y a des questions que tu aurais aimé lui poser ?**
C'est comme si mon métier m'avait permis de continuer nos conversations. Chaque fois que je rentre à Radio-Canada, j'ai l'impression de le retrouver. Après son décès, le manque était tellement grand que d'aller dans les studios où il avait animé, rencontrer des gens avec lesquels il avait travaillé, vivre des choses qu'il avait vécues m'a permis de le garder présent. Mais il y a tant de choses dont j'aimerais pouvoir parler avec lui.

# Marco et Franca Calliari

## Mamma mia!

*Aujourd'hui, je suis attendue pour souper chez les Calliari. Je retrouve d'abord le chanteur chez lui. Je suis d'ailleurs surprise qu'il ait une adresse. J'étais persuadée qu'il habitait encore avec ses parents.*

« Les gens pensent parfois que j'habite là-bas, car, comme mon bureau est chez mes parents, c'est l'adresse que je donne. Ma mère reçoit mon courrier et m'appelle pour me dire que j'ai reçu un chèque. Ça me donne un prétexte pour aller chez eux. Ça fait six ans que j'ai mon loft, mais ça ne fait que trois ans que je suis ici en permanence. Il m'arrive encore de coucher chez mes parents quand je reviens de voyage. C'est d'ailleurs la première place où je me rends quand je suis de retour au pays. Je vais manger, je leur raconte mon voyage et je m'endors, vidé. »

*L'appartement est à l'image de Marco : accueillant, festif, simple et chaleureux. Son loft, c'est le repère d'un musicien; sa chambre, l'antre d'un grand adolescent. Marco me montre fièrement des souvenirs de sa mère.*

« Ça, c'est le trophée que maman a gagné pour le plus beau jardin du quartier Saint-Michel en 1981. Quand je pense à la mère de mon enfance, je la vois dans le jardin ou dans la cuisine. »

*Il me montre ensuite le diplôme de coiffeuse de sa mère.*

« Maman avait un minisalon de coiffure dans notre sous-sol. Ça faisait tout le charme de notre maison. Toutes les clientes québécoises et italiennes qui venaient chez mes parents m'ont vu grandir. Quand tu venais te faire couper les cheveux chez maman, tu ne rentrais pas juste pour te faire couper les cheveux. Non. Tu arrivais, tu buvais ton café. C'était tout un rituel. »

*On se rend ensuite chez Franca et Mario. Les Calliari vivent dans la coquette petite maison où Marco a grandi. On entre, accueillis par les exquises odeurs émanant de la cuisine. Mamma a préparé des gnocchi, le plat préféré de son fils.*

« C'est à la bonne franquette ! » s'excuse presque Franca.
« Ma mère dit toujours ça, mais c'est chaque fois un festin. »

*Il fait bon d'être chez les Calliari. On se sent tout de suite adopté. Franca sert les plats. Mario verse le vin, une cuvée Calliari préparée dans son sous-sol. Il perfectionne son art depuis des années. Je lui dis en toute sincérité que son vin est délicieux. La discussion commence. Tous participent : Marco, Mario et Franca. Monica, la sœur de Marco, est absente, mais elle est présente au détour de chaque phrase. On ne peut pas isoler la relation mère-fils chez les Calliari. On a droit à toute la famiglia.*

**Entrevue**

**Franca, que vous rappelez-vous de la naissance de Marco ?**
**Franca** : Sa naissance a bien été, mais je ne le trouvais pas beau.

**Marco** : C'est la première fois que tu me dis ça !

**Franca** : Les bébés ne sont pas beaux à la naissance, mais ma fille, Monica, elle, était déjà belle. Je m'attendais donc à ce que Marco soit plus joli. À l'époque, ce n'était pas la mode de donner le sein. On disait que ce n'était pas bon. Je n'ai donc pas pu nourrir Marco. Aussi, bébé, Marco, il était circoncis.

**Marco** : « Il était... » Je le suis encore. (rires)

**Mario** : Ça n'a pas repoussé, Franca !

**Franca** : Ne riez pas de moi. Maintenant, ils ne font plus ça aux bébés. Mais avant c'était comme ça. Ils disaient que c'était pour la propreté. Habituellement, ils le faisaient à l'hôpital, juste après la naissance. Mais le docteur était en vacances.

**Marco, feignant l'inquiétude** : Qui l'a fait ? Le concierge ?

**Franca** : Non. Ils l'ont fait, mais un mois plus tard. Ils ont mis Marco sur un morceau de bois, tout attaché. Mon pauvre petit garçon. Le médecin a dit : « Madame, sortez. » Et là, je demandais : « Est-ce qu'il va souffrir ? Je ne veux pas que vous le fassiez. » Mais ils l'ont fait. Après, Marie-Hélène, tu vas couper des choses dans l'entrevue pour ton livre, hein ?

**Marco, quel est le plus vieux souvenir que tu gardes de ta mère ?**
**Marco** : Quand j'étais jeune, j'ai été hospitalisé pour une infection aux reins. C'est un souvenir qui est très intense. J'avais le bras branché à des tubes. Je ne pouvais pas dessiner. Je m'ennuyais. Mes parents étaient là tous les soirs. Ils se relayaient. Quand je repense à cet épisode, je vois ma mère qui est toujours là.

**Comment décrirais-tu Franca ?**
**Marco** : Ma mère, c'est une super *mom*, très généreuse, qui pense à tout le monde avant de penser à elle. Elle a toujours été très spontanée, très joyeuse et très directe aussi. Elle ne se cache pas pour chanter. C'est aussi une mère inquiète. Surtout quand je prends l'avion pour me rendre en Europe. Elle a peur que je ne revienne pas.

**Comment était Marco quand il était petit ?**

**Franca** : Il était spécial. Il avait peur de l'eau froide. Il était très attaché à sa maman. Il me disait : « Mamma, Monica a fait ça ! Mamma, le voisin m'a arrosé ! » Il ne dormait pas beaucoup la nuit. Jusqu'à quatre ans, il se réveillait tout le temps. C'était difficile de le faire manger. Il n'avait pas d'appétit et il n'aimait pas tout. Il mangeait trop de Nutella et de biscuits avant le repas. Il disait : « *Mamma, biscotti, biscotti, biscotti.* » Il faisait des crises. Je n'étais plus capable de l'entendre.

**Mario** : Il aimait faire de la musique. À quatre ans, quand Elvis Presley est mort, Marco l'imitait.

**Marco** : Je ne sais pas ce qui m'a poussé à ça, mais je faisais déjà des performances musicales à la maison. J'avais une guitare en métal et je faisais du lipsync sur du Elvis. Ma mère savait que j'étais gêné, mais que j'aimais aussi performer. Elle a été la première à me pousser à le faire. Elle a toujours été ma plus grande fan. Elle m'a aidé à devenir qui je suis.

**Franca** : Aussi, quand il avait cinq ans, il disparaissait. Il prenait sa bicyclette et partait faire le tour du bloc. Des fois, il s'arrêtait chez les voisins en chemin. La voisine m'appelait en me disant : « Marco est ici et il s'est endormi sur le sofa. » Tout le monde connaissait Marco. Je lui disais de ne pas sortir, mais il ne m'écoutait pas. Ça me fâchait.

**Est-ce que tu faisais sortir ta mère de ses gonds pour d'autres raisons ?**

**Marco** : Je trouvais ça niaiseux les raisons pour lesquelles ma mère me punissait. Dans un jardin, oui, il y a des fleurs et des tomates, mais calvaire, un enfant, ça joue. Pour nous, le jardin, c'est une cour arrière. Si ça me tente de jouer au soccer, je vais le faire. Si j'écrase une fleur, qu'est-ce que tu veux que je te dise ? C'est la vie. Mais je me faisais ramasser. Comme si j'avais fait exprès.

**Comment ta mère te punissait-elle ?**

**Marco** : Avec maman, c'était impossible de ne pas rire. Ma sœur et moi, on était crampé. Je la revois, à l'autre bout parce qu'elle n'est pas capable de nous attraper. Elle prend sa sandale et nous la garroche à bout de bras. Elle prenait le balai, mais on savait qu'elle ne ferait rien. Elle ne nous faisait pas peur. Quand ma mère était tannée, elle demandait à mon père de régler le dossier. Mon père n'y allait pas de main morte. J'avais vraiment peur de lui. Mon père était différent avec ma sœur. Avec moi, il m'en demandait beaucoup et je n'étais pas à la hauteur. C'était tough. Mais maman était toujours là pour me bercer et me couvrir.

**Marco, toi qui étais dans les jupes de ta mère, as-tu trouvé difficile de la quitter pour commencer l'école ?**

**Marco** : Je me souviens que je ne voulais pas entrer dans l'autobus scolaire. Je faisais l'étoile dans la porte et ma mère me poussait.

**Franca** : Ta sœur non plus ne voulait pas aller à l'école. Mes enfants étaient trop bien à la maison. Marco devait aller à la prématernelle, dans une école d'immigrants pour qu'il apprenne le français.

**Marco** : Ma sœur et moi, on n'a jamais été premiers de classe. On s'est toujours contenté d'une note de passage. Quand j'avais des bonnes notes, je ne comprenais pas comment j'avais réussi. Ma mère essayait de nous faire étudier. Ce n'est pas évident pour des immigrants. Elle s'assoyait avec nous pour réviser nos leçons et elle apprenait en même temps. Notre éducation québécoise, ça a aussi été la sienne.

**Marco, en tant que fils d'immigrants, as-tu vu une différence entre ton éducation et celle de tes amis québécois ?**

Du côté québécois, je trouvais que c'était plus sec. La mère italienne ne va pas se cacher pour donner de l'affection à son enfant. Sûrement que les mères québécoises sont affectueuses en privé, mais elles le sont moins en public. Une mère italienne, c'est *too much*.

C'en est même gênant. Maman étant une femme très spontanée, c'est comme s'il n'y avait rien autour. Il n'y a qu'elle et moi. Si elle veut me donner une claque derrière la tête, elle va le faire même si on est au centre d'achats. Elle n'attendra pas d'être à la maison. C'est maintenant !

23

**Quelles sont les valeurs les plus importantes pour ta mère ?**

**Marco** : C'est de l'appeler tous les jours. (rires) Si je ne l'appelle pas, elle se plaint à ma sœur.

# Des fois, il me cache des choses. Mais je finis par tout savoir.

**Franca, à quel moment Marco vous a-t-il fait le plus plaisir ?**

Quand on est allé en Italie et qu'il a commencé à manger plus.

**Quand on pense à la *mamma* italienne, on a souvent le cliché de la mère très émotive. Est-ce que c'est le cas de Franca ?**

**Marco** : Pas vraiment. J'ai seulement un souvenir de ma mère hyper émotive. J'ai quatorze ans. C'est la fête des jumeaux. Ceux qui ont joué avec moi dans Anonymus, un groupe métal. Les jumeaux sont mes amis depuis la maternelle. C'est l'hiver et on joue dans une cabane de neige que j'avais construite dans la cour. On écoute de la musique. On est vraiment sage. On attend notre ami Carlos qui n'arrive pas. Un moment donné, j'entends mon père qui crie : « Marco ! » Je comprends dans son ton que ça ne va pas. J'entre à la maison. Il y a deux policiers, ma mère, ma sœur et mon père. Un des policiers me dit : « Marco, tu es accusé de vol par effraction. » Mon problème, c'est que j'ai des parents italiens. Pour eux, je suis automatiquement coupable. Ma mère et ma sœur sont en sanglots. Je suis seul pour me défendre. Je demande aux policiers quand a eu lieu le vol. « Ce matin. »

Je réponds : « Je dormais ce matin. J'étais ici, chez mes parents. » Le policier continue : « Tu n'es pas descendu prendre un verre d'eau, par hasard ? » Plus le policier parlait, plus mes parents le croyaient. Le policier m'accuse : « Tu as sauté une clôture. » Ma mère s'exclame spontanément : « Mais pourquoi as-tu sauté la clôture ? » Le policier se rend dans la cour et ramène mes amis jumeaux. Il dit : « Je suis obligé de vous amener tous les trois au poste de police. »

# J'ai de l'intuition.

C'est le moment le plus tragique de ma vie. Je suis seul au monde. Mes parents pensent que je suis un voleur. On passe la journée de fête des jumeaux au poste. Les policiers nous enlèvent nos lacets. Voyons, on ne va pas se suicider ! Je pleurais. Ma vie était finie.

Ce qui est arrivé ce jour-là, c'est qu'il y a eu un vol chez Carlos, l'ami qu'on a attendu. Sa cousine a vu deux jeunes entrer et sortir. Quand il y a un vol dans une famille où il y a un adolescent, la première hypothèse, c'est que ce soit des amis de ce jeune. Les policiers ont donc pris une photo de classe de Carlos. Sa petite cousine m'a pointé en disant : « C'est lui, il a des broches. » Les policiers nous ont placés, moi et les jumeaux, sur un mur devant une la vitre sans tain. La famille de Carlos était derrière. Quand la cousine m'a vu, elle a finalement affirmé que ce n'était pas moi. Je n'étais pas fier de ma mère ce jour-là. Elle, qui m'a toujours protégé, m'avait laissé tomber.

**As-tu vécu une grosse crise d'adolescence pour te détacher de ta mère ?**

**Marco** : Ma relation avec ma mère n'a jamais changé. Elle a toujours été bonne. Avec mon père, c'était plus difficile, surtout à l'adolescence. Ma mère m'a toujours protégé, mais elle était fidèle aux valeurs de son mari. Elle a su bien gérer la crise entre mon père et moi. Elle était neutre, mais présente en même temps. Une fois, ma mère était certaine que mon père allait me pitcher en bas de la fenêtre.

**Franca** : Il prenait Marco par les oreilles. Je disais : « Non, Mario, ne lui fait pas mal ! »

**Marco** : Quand je vois le père qu'il est maintenant, je ne comprends pas comment il a pu être aussi sévère. Je ne sais pas ce que je faisais pour le faire exploser de rage. J'avais l'air d'un bum, mais je ne l'étais pas. Ma mère voyait au-delà du look. Elle m'a toujours compris. Mon père me disait quoi faire et quoi ne pas faire. Or, si tu me dis de ne pas faire quelque chose, c'est sûr que je le fais. Maintenant, c'est tellement différent avec lui.

**Mario admet** : Je sais que Marco et moi, on s'est beaucoup rapproché dernièrement. J'étais très sévère. Je suis contre la drogue. J'avais peur de ça. Quand mon fils jouait du heavy metal, je savais que c'était un bon garçon, mais j'avais peur du milieu. C'est tellement facile de se faire embarquer quand on est jeune. Je ne peux pas demander des enfants plus extraordinaires que Marco et Monica. Je ne voulais pas qu'il leur arrive du mal.

**Franca** : Le *heavy metal*, c'était sa vie. Je me disais qu'un moment donné, ça passerait.

**Marco** : À l'âge de treize ans, j'ai voulu m'acheter un clavier qui coûtait 90 $. Mon père ne voulait pas. Il ne voyait pas au-delà de l'argent que ça coûtait. Ce n'était pas une niaiserie, c'était un objet de création. Mon cousin voulait m'aider et me prêter l'argent. Mais mon père refusait que je l'achète, même si je trouvais l'argent. Je l'ai quand même acheté en cachette. Ma mère ne l'a jamais su. Il y a des affaires que je ne pouvais pas dire à ma mère, car elle répétait tout à mon père. Ma mère savait tout et disait tout.

**Franca** : Des fois, il me cache des choses. Mais je finis par tout sa voir. J'ai de l'intuition.

**Marco** : Mon tatouage sur le bras, je l'ai longtemps caché. Elle ne l'a appris que trois ans plus tard. J'avais réussi à lui cacher. Je portais toujours des chandails à manches longues.

Quand je sortais de la douche, j'entourais mon bras d'une serviette et je montais à ma chambre. Je me suis fait un deuxième tatouage dans le dos alors qu'elle n'avait toujours pas vu le premier.

Puis un matin de Pâques, alors que toute la famille est là, je suis seul dehors pour réparer un camion. Je mets un t-shirt et je gosse sur mon truck. Un moment donné, la famille se déplace. Je ne pense plus à mon tatouage. Et là, ma sœur passe à côté de moi et dit : « Maman, as-tu vu ? Marco a un tatouage sur le bras. » Ma mère sourit et dit : « Ce n'est pas un vrai, c'est de l'encre. » Elle commence à le gratter. Ma sœur dit : « Oui, c'est un vrai. Et tu n'as pas vu celui qu'il a dans le dos. » Tout s'est passé rapidement. Ma mère appelle mon père : « Papa, vieni qui ! » « Viens ici ! » Je n'aurais pas pu choisir une meilleure journée pour leur apprendre. Il faisait beau, toute la famille était là. Et sûrement que si je n'avais pas eu mon deuxième tatouage, ça aurait moins bien passé. Jeune, mon père m'a souvent dit : « Si tu as un tatouage, tu sors de la maison. » Quand mon père a vu mon tatouage dans le dos, il m'a donné une tape dans le dos et m'a souri. Celui que j'ai dans le dos, c'est un aigle, qui est l'emblème du Trentin, la province d'origine de mon père. Ce qui est drôle, c'est que, maintenant, mon père est le premier à parler de mon tatouage. Il est tellement fier que j'aie un tatouage du Trentin.

**Vous deviez être fiers quand Marco a commencé à jouer de la musique italienne.**

**Mario** : Je suis très orgueilleux de ce que fait mon fils. Même quand il faisait du heavy metal, j'étais fier de lui. On assistait à tous ses spectacles. J'adore la musique. Surtout les ténors. Pour moi, Pavarotti, c'était le summum. Quand tu peux jouer du classique, tu peux tout jouer. Quand Marco a commencé à chanter des classiques italiens, je ne pouvais pas demander mieux.

**Marco** : C'est surtout avec la musique que je réussis à toucher mes parents et à les rendre fiers. Quand j'étais au cégep, j'étais tranquille, surtout dans ma famille. Je ne prenais pas beaucoup de place. Ma mère voulait toujours que je joue. Je faisais comme si ça ne me tentait pas, mais je finissais toujours par jouer un morceau. Je me souviendrai toujours de la première fois où j'ai joué une chanson italienne, à la table, devant la famille : c'était fou !

**Franca** : Ici, à la maison, on lui demandait toujours des vieilles chansons. C'est comme ça qu'il a commencé. Quand il est allé en Italie en voyage, au bord de la mer, on lui demandait des chansons italiennes. Il n'en connaissait pas. Il a compris que ça lui manquait. Il s'est mis à en apprendre.

**Est-ce que vous corrigez son italien ?**

**Franca** : Des fois, je lui dis comment on prononce les paroles. Marco a appris l'italien, car j'écrivais des notes sur la table en italien.

**Mario** : À table, on parle toujours italien. C'était important pour moi. Je disais aux enfants : « C'est une richesse et un jour, vous allez l'apprécier. »

**Marco** : Je sais aujourd'hui que je tiens de mon père sa discipline. Mon père est très droit, mais aussi très émotif et très sensible.

**Ta mère t'a aussi beaucoup aidé au quotidien. Il y a quelques années, je suis venue ici pour plier tes vêtements avec elle pour un reportage télé.**

**Marco** : Je fais mon lavage moi-même maintenant. Comme je suis workaholic et hyperactif, ma mère faisait mon lavage pour m'aider. Elle est tellement contente quand elle me fait un sandwich et que je l'emporte. Je n'aurais pas pu mener ma carrière sans ma mère.

**Marco, tu as souvent été célibataire. Est-ce que c'est parce que c'est impossible pour une femme d'arriver à la cheville ta mère ?**

**Marco** : Ma mère n'a jamais été une menace pour mes copines. Peut-être que, parce que notre lien mère-fils est spécial, certaines de mes blondes ne se sentaient pas à la hauteur. Mais ma mère a toujours fait une belle place à mes relations sérieuses. Mes parents sont très accueillants. De mon côté, je ne peux pas me mettre la pression de trouver une relation aussi forte avec une fille que celle que j'ai avec ma mère. Peut-être que je le fais inconsciemment.

**Franca** : Moi, je m'attache. Elles sont toutes gentilles, les filles. Maintenant, je veux prendre davantage mon temps avant de m'attacher. Marco, ça ne dure pas longtemps. Le problème, c'est son métier.

**Marco** : Ma famille comble mon besoin de stabilité. Il faut vraiment que ce soit une fille spéciale parce que je mène une vie spéciale.

**Est-ce que ta mère te met de la pression pour que tu aies des enfants ?**

**Marco** : Non, parce que ma sœur en a. Moi, je m'assure de faire rayonner le nom Calliari et je m'occupe de mettre le party dans la famille. (rires) J'adore les enfants. Je suis prêt à être père. Ce n'est pas moi qui n'est pas rendu là, mais ce n'est pas rendu là. Il me reste encore des choses à prouver.

**Franca** : Je ne veux pas qu'il attende trop, sinon, je ne pourrai pas m'en occuper autant que ceux de ma fille.

**À quel point êtes-vous impliqués dans la carrière de Marco ?**

**Franca** : Quand on ne peut pas assister à un de ses spectacles, je me sens mal, car quand on est là, j'ai l'impression qu'on porte chance à Marco. Il m'en a fait faire des choses, mon fils ! J'ai cuisiné un tiramisu à la télé. Des fois, je me dis que je pourrais faire mieux, mais les gens m'aiment comme ça. Je suis à la bonne franquette.

**Mario** : Souvent, Marco nous invite en tournée avec lui. On a visité le Québec, grâce à lui. Il n'y en a pas beaucoup des parents qui suivent leurs enfants comme ça. Il nous a appris à aimer la spontanéité, à aimer le milieu québécois. On l'aimait déjà, mais on le connaissait moins. On a rencontré beaucoup de monde. Marco nous garde jeunes de cette façon. Je suis maçon. C'est un métier physique. Quand j'assiste à un spectacle, il n'y a rien que je préfère. J'aime la musique et quand c'est mon fils qui joue, c'est encore mieux.

**Franca** : Et quand il part seul en tournée ou en voyage, je lui dis : « Que la madone t'accompagne. » Avant, je préparais le café et la nourriture pour ses musiciens. Je lui faisais aussi ses tisanes avant qu'il parte faire un spectacle. Maintenant, il les fait. À notre quarantième anniversaire de mariage, il était en spectacle au Spectrum. Il nous a fait danser sur scène. C'est un des plus beaux cadeaux qu'il nous a faits.

*Le repas et l'entrevue sont terminés. Je repars avec le disque de Marco, une recette de gnocchi et l'envie de retourner bientôt chez les Calliari.*

# Jean Airoldi

## La gloire de ma mère

Carmelle, la mère de Jean Airoldi, a élevé sa famille avec une machine à coudre. Chaque col de chemise repiqué éloignait un peu plus cette jeune veuve de la misère. En mettant à contribution chacun de ses quatre enfants, elle leur a inculqué les valeurs d'entraide, de générosité, de courage, un sens aigu de la famille et un amour du travail bien fait. À son fils Jean, elle a donné le goût de la mode. Il s'est mis à rêver d'avoir un jour sa propre collection.

Derrière le côté flamboyant et *glamour* de la mode se cache une armée de travailleuses et de travailleurs opiniâtres qui font preuve de minutie et de persévérance pour confectionner des vêtements de très grande qualité. Jean, issu de ces ouvriers de l'ombre, a réussi à se hisser au rang des créateurs reconnus, sans jamais oublier ses origines.

Sa gloire, Jean Airoldi la doit à sa mère, qui n'a pas hésité à donner son temps et son énergie pour faire du rêve de son fils une réalité. Lui, en retour, avec son talent et son ambition, a mis en lumière les efforts de sa mère. Ensemble, aidés de toute la famille, ils ont créé une marque qui a habillé les plus grandes *stars* québécoises.

**Ton père est mort alors que tu avais presque deux ans…**

Il est décédé un 28 décembre dans un accident de la route. J'allais avoir deux ans. Un homme en état d'ébriété a foncé sur lui. Juste avant de partir de la maison, mon père m'a tenu dans ses bras. Ce qui est étrange, c'est que, jusqu'à ce que j'aie quinze ans, j'avais l'impression que mon père allait revenir. Je croyais qu'il était parti quelque part, peut-être même en prison, et que personne ne voulait me le dire.

**Qu'est-ce qui te donnait cette impression ?**

C'est que ma mère était incapable d'en parler. C'était un sujet tabou. Dès que quelqu'un parlait de notre père ou nous montrait des photos de lui, ma mère se mettait à pleurer. Ça lui a pris vingt-cinq ans avant de pouvoir nous parler de l'accident. Elle avait cinquante ans. Elle nous a rencontrés, les quatre enfants, dans un restaurant de Montréal pour nous raconter ce qui était arrivé et à quel endroit avait eu lieu l'accident. Elle nous a dit : « Si vous avez des questions à me poser, je suis prête à y répondre. »

**Portes-tu encore le deuil de ton père ?**

Ce que je trouve difficile, c'est que ma fille Lili a exactement le même âge que j'avais quand mon père est mort. Des fois, j'ai tellement peur de mourir et de la laisser là. On ne se remet jamais complètement de la mort de nos parents. Il y a quelque temps, j'étais assis au Carrefour Laval et un monsieur est venu me voir pour me dire : « Toi, connais-tu ça, Paul Airoldi ? » Je lui réponds : « Oui », sans rien ajouter.
Il me dit : « Moi, je le connais, je suis allé à l'école avec lui. » J'avais juste le goût de lui demander comment il était. Parce que moi, je ne le sais pas. J'aurais aimé ça, m'asseoir avec le monsieur et prendre un café avec lui. Mais je n'ai pas été capable. J'avais le motton. Pourtant, ça fait quarante ans.

**Je voulais d'abord te parler de ton père, car sa mort a influencé la relation que tu as eue avec ta mère. En devenant veuve, Carmelle a dû travailler comme couturière.**

Ma mère s'est mariée à dix-sept ans. Elle a eu son premier enfant à dix-huit ans, son deuxième à dix-neuf ans, son troisième à vingt et un et le quatrième à vingt-trois ans. À vingt-quatre ans, elle est devenue veuve. Elle avait quatre enfants. Pas de job. Quand son mari est mort, ma mère

s'est dit : « Je me remonte les manches. En plus de m'occuper de mes quatre petits monstres, il faut que je travaille. » C'est sûr qu'on n'était pas riche, mais je ne me souviens pas d'avoir manqué de quoi que ce soit. Tout au long de notre jeunesse, ma mère faisait de la couture à la maison. C'était la seule façon pour elle de travailler sans avoir à payer de gardienne. Ma mère prenait des grosses poches de vêtements et elle faisait des cols de chemise. Quand on était petits, les quatre enfants, on coupait les fils, on aidait à tourner les cols, à sortir les points. C'était notre tâche, mais pour nous, c'était plus un jeu. Ensuite, ma mère repiquait le col de chemise. Elle pouvait en faire des milliers par semaine. Ça lui donnait environ 2 à 5 cents la pièce. Il fallait en faire des grosses quantités. Comme j'aimais la couture, ça nous a beaucoup rapprochés.

**Pourtant, quand tu lui as annoncé que tu voulais travailler dans le domaine de la mode, ça lui a fait un pincement au cœur. Pourquoi ?**
Elle en avait tellement arraché en couture qu'elle avait peur pour moi. Ce qu'elle voyait, c'était couturier dans une *shop*. Du travail à la chaîne, elle en faisait et elle savait que c'était difficile. Pour ma mère, qui est née en Estrie dans un petit village, devenir *designer*, ce n'était pas vraiment une possibilité.

**Ses inquiétudes ne l'ont jamais empêchée de t'aider. Est-ce que dès le début elle t'a encouragé ?**
Sans ma famille, je ne me serais jamais rendu où je suis maintenant. J'ai étudié en mode. Tout au long de mes études, je commençais déjà à faire des minicollections. Les soirs ou les fins de semaine, ma mère et moi, on travaillait ensemble. On avait notre petit atelier. Les samedis, on allait à la *shop* où elle travaillait et on faisait nos affaires. Quand j'ai fini mes études secondaires, j'ai voulu lancer ma ligne de vêtements. Tout de suite. C'était mon rêve. Ma mère a embarqué. Le jour, je travaillais dans une usine de pantalon. Le soir, jusqu'à deux heures du matin, ma mère et moi, on faisait mes collections. Deux ans plus tard, j'ai lâché ma job. Ma mère est venue travailler pour moi à temps plein. Elle est devenue ma directrice de production. Je dis « travailler pour moi », mais c'était du bénévolat. C'est ce qu'on appelle le *love money*. Même si elle n'avait pas d'argent, elle m'a aidé à me lancer en affaires. Elle est allée jusqu'à signer ma marge de crédit, mettre une partie de la maison en garantie... Mon atelier était dans le garage de la maison, puis dans le sous-sol. À un moment, j'occupais aussi le troisième étage. Elle croyait vraiment en ses enfants, et je pense que c'est ce qui explique qu'on a réussi à réaliser nos rêves.

34

**À part aider son fils à réaliser son rêve, qu'est-ce qui la motivait ?**

Pour ma mère, ses payes, c'était quand elle voyait des vedettes, comme Véronique Cloutier et Patricia Paquin, porter nos vêtements. Quand Céline Dion a mis mon veston à *Good Morning America*, c'était le summum. Quand j'habillais Garou, j'emmenais ma mère avec moi. Garou lui donnait un bec en lui disant : « Merci, madame Airoldi. » Elle aimait ça. Elle se sentait importante. Aussi, quand j'ai reçu mes trois Griffes d'or en 1994, 1997 et 1999, pour ma mère, ça voulait dire qu'on avait réussi !

**Ta mère appréciait le côté glamour de ton métier.**

Un moment dont je me souviens, c'est quand j'ai conçu l'ensemble de Céline Dion. C'était son dixième anniversaire de carrière qui se fêtait au Forum. Je pense qu'on m'avait donné seulement 72 heures pour le fabriquer. Je faisais des allers-retours de Montréal à l'atelier où ma mère cousait. Le show commençait, et on n'avait pas encore terminé tous les morceaux. Ce n'était pas notre faute : le délai était trop court. Céline est partie avec le premier *suit* alors qu'on était encore en train de coudre celui qu'elle allait mettre après. Et là, je me rappelle très bien être assis dans la salle avec ma mère et voir Céline lever son bras dans les airs. Ma mère et moi, on retenait notre souffle. On avait tellement peur que ça fasse un trou en dessous du bras.

**Quand sa mère est son employée, est-ce que c'est plus facile de l'exploiter ?**

L'avantage de ma *business*, c'est que ma mère arrivait à produire les vêtements dans des temps records. Des fois, je disais : « Maman, on aurait besoin de ça, mais demain midi. » Elle me répondait : « Pas de problème, ça va marcher ! » Pour elle, rien n'était impossible. Dans la période des collections, on se levait à 8 heures le matin, on se couchait à 2 heures. On était tout le temps ensemble.

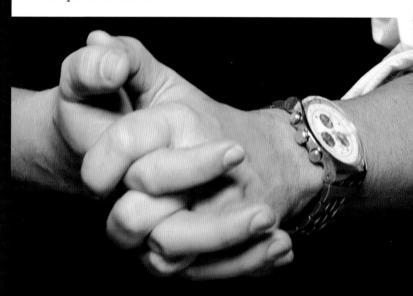

**Est-ce que ça peut devenir un piège ?**

À un moment donné, j'étais presque le poteau de vieillesse de ma mère. J'étais tout le temps en train de coudre chez nous, avec ma mère. Le petit gars à maman. J'ai commencé à sortir seulement à l'âge de vingt ans. J'aurais pu devenir vieux garçon si je ne m'étais pas dit : « Wô là ! Je veux sortir et je veux me faire une blonde. »

# Ma mère a toujours vu le verre à moitié plein

**De vous voir autant, de partager un rêve, est-ce que ça générait des conflits entre vous deux ?**

Vers la fin, je n'avais plus autant de temps à consacrer à mon entreprise. Elle dirigeait vingt employés et elle voulait qu'il y ait du travail pour tout le monde. Elle m'appelait en me disant : « Là, Jean, il faut qu'il y ait des modèles. » Ou si je lui disais : « OK, maman, on a eu le contrat pour *Hawaiian Tropic* à Las Vegas au mois d'avril, je vais te revenir plus tard avec les détails. », là, elle m'achalait toutes les semaines : « As-tu pensé à tes robes d'*Hawaiian Tropic* ? As-tu pensé à tes robes d'*Hawaiian Tropic* ? Y as-tu pensé là ? Parce qu'il reste un mois. Il faut avoir le temps de les faire, de les envoyer… » Elle avait raison, mais moi, j'étais occupé ailleurs.

**Est-ce que ça a été un deuil pour elle quand tu as délaissé ton entreprise pour te consacrer au stylisme et à la télévision ?**

Oui, ç'a été difficile. Ce qui est arrivé, c'est qu'un jour, je suis arrivé à ma boutique. Comme je ne donnais rien à faire à ma mère, elle avait utilisé des vieux patrons et des tissus qu'on avait déjà utilisés pour continuer à faire rouler les boutiques. Quand j'ai vu ça, ce n'est pas que ce n'était pas beau, mais ce n'était plus innovateur, j'ai appelé mon associé et j'ai dit : « On ferme tout. » Je voulais être styliste et travailler en télévision. Ma mère savait que ma nouvelle carrière me rendrait heureux et qu'elle me causerait moins de soucis. Quand tu es créateur de mode, tu n'arrêtes jamais, ta tête fonctionne toujours.

**Est-ce que tes frères et ta sœur étaient envieux du lien privilégié que l'entreprise vous a permis de développer ?**

Non, tout le monde avait sa portion d'affection, de générosité. Ma mère m'a toujours dit : « Moi, je t'aide, parce que j'ai aidé les autres pendant leurs études. Et toi, ta part, c'est ça. » Il n'y a jamais eu de jalousie. On s'entraide beaucoup dans la famille. Mon frère Luc, c'était mon associé dans la *business*. Mon frère qui est pharmacien me signait des prêts à la banque. Ma sœur travaille encore avec moi. Mes tantes ont travaillé avec moi. Même ma grand-mère a travaillé pour moi jusqu'à l'âge de quatre-vingt ans. À soixante-dix-neuf ans et demi, elle m'a appelé pour me dire : « Là, Jean, je pense que je vais prendre ma retraite. »

**Qu'est-ce qu'elle faisait ?**

Elle s'occupait de la finition. Quand les coutures étaient mal faites, c'est elle qui décousait. Elle était très travaillante. Des fois, je voyais ma grand-mère et ma mère aller et je me demandais comment elles faisaient pour avoir encore de l'énergie. J'étais à moitié mort. Ma grand-mère avec ses talons hauts m'encourageait: « Envoye, on continue ! » Comme elle aimait beaucoup magasiner, je l'emmenais et elle disait à tous ceux qu'on rencontrait : « Savez-vous c'est qui, ça ? Ça, c'est mon petit-fils, Jean Airoldi. » Dans ce temps-là, il n'y avait pas la moitié du monde qui savait qui j'étais, mais elle était bien fière. Être la fierté de ses parents ou de ses grands-parents, c'est précieux.

**Qu'est-ce que tu faisais pour faire plaisir à ta mère ?**

J'en ai tellement fait que, quand elle est décédée, je ne me suis pas dit : « J'aurais dû faire ça. » Comment je la gâtais ? Je savais ce qu'elle aimait. Je savais qu'elle aimait les petits Coke en bouteille, manger chez St-Hubert, les sorties, les voyages. Ma mère a toujours aimé voyager, même si elle n'avait pas beaucoup de sous. On s'est toujours donné comme but, les enfants, de lui payer des voyages. Mais pour ma mère, le plus beau cadeau que je pouvais lui faire, c'était une robe. À Noël, dans les premières années, je lui faisais toujours une robe en cachette. Le 24 décembre, je lui donnais sa robe qu'elle allait porter le soir. Dans les dernières années, j'ai vu mes deux grands-mères et ma mère enterrées avec mes vêtements. Ç'a été très étrange pour moi.

**Après tout ce qu'elle a fait pour ses enfants, rien n'était trop beau pour ta mère. Raconte-nous ce que vous avez organisé pour son soixantième anniversaire.**

Ma mère capotait sur Michel Louvain. On lui a fait un *party* à notre maison familiale, à Richmond. Tout le monde était habillé « années 60 ». Elle avait une robe bleue. Michel Louvain est arrivé dans le chapiteau pour chanter *La dame en bleue*. Et ma mère, pourtant d'un naturel timide, est montée sur le *stage*. Elle est allée voir Michel Louvain, l'a pris dans ses bras et a dansé avec lui.

**La santé de ta mère ne lui permettait pas de vivre de trop grandes émotions.**

Elle avait un problème de fissures au cerveau. Elle pouvait donc faire des crises d'épilepsie à tout moment. Il fallait la ménager. Je me souviens d'une fois où on lui a fait faire un saut. Je ne l'avais pas prévenue de mes fiançailles avec Valérie. On avait réuni tout le monde le 24 décembre à Laval-sur-le-Lac. Durant la messe de minuit, le curé nous a appelés : « Jean Airoldi, Valérie Taillefer, venez me rejoindre. On va procéder à vos fiançailles. » Là, ma mère a figé d'un coup sec. Elle était super contente, car elle aimait beaucoup Valérie. Quand on a annoncé la venue du bébé, l'année suivante, on l'a avertie d'avance que Valérie était enceinte pour qu'elle ne fasse pas le saut.

**Comment ta mère a-t-elle vécu ton mariage ?**

Ma mère devait se faire opérer au cerveau, mais elle attendait mon mariage, car elle voulait absolument être présente à cet événement. Sa santé allait assez bien à ce moment-là. Elle était super belle la journée de mon mariage. Elle avait travaillé fort. Elle avait fait sa robe, la robe de ma belle-mère, celles des filles d'honneur et de toutes les bouquetières. Ma mère se disait : « Je vais marier mon dernier et après, je vais me faire opérer, et il arrivera ce qu'il arrivera. » Tout le temps qu'on a pu vivre avec ma mère après l'opération, c'était un bonus pour nous comme pour elle. Dans le fond, c'était comme une extension de sa vie qui lui était donnée. Elle était heureuse de ce qu'elle avait. Ma mère a toujours vu le verre à moitié plein plutôt qu'à moitié vide.

**La dernière fois que ta mère a été consciente, elle était avec toi. Comment cela s'est-il passé ?**

À Noël, j'avais mis, dans une boîte cadeau, un petit avion avec des oranges : on partait trois semaines en Floride, ma mère, ma femme, ma fille aînée et moi. Valérie était enceinte de notre deuxième. À Dorval, l'embarquement des bagages s'est bien déroulé. Comme il nous restait une heure et demie, j'ai dit à ma mère : « On va aller manger au St-Hubert. » Pour elle, c'était parfait, c'était sa sortie du vendredi soir. J'ai juste eu le temps de donner à manger à ma fille que ma mère a fait un AVC et ç'a été fini. Elle est tombée sur le plancher et *that's it*. Elle n'est jamais revenue.

**Qu'est-ce que tu gardes de ce moment-là ?**

Comme elle partait en voyage, elle venait d'appeler tout son monde. Je me sentais privilégié d'être avec elle, même si j'ai toujours cette image-là dans la tête. L'image d'elle par terre n'est pas belle. Mais celle de nous tous qui partions ensemble, oui. Je me dis qu'elle n'a pas souffert. Elle a mangé chez St-Hubert en buvant son Coke. Comment aurait-elle pu avoir une plus belle mort ? Donc ça, ça nous rend sereins. Mais, c'est sûr qu'après… Le *feeling* que tu as après… Les autoroutes vont vite autour de toi, mais toi, tu es sur le *break*. On dirait que personne ne se rend compte du drame qui vient de se produire.

J'ai repris l'avion depuis. La première fois que je suis passé devant la table du St-Hubert, à l'aéroport, j'ai trouvé ça difficile. Une fois, j'ai appelé Valérie de ce restaurant. Je lui ai dit : « Je dîne avec ma mère. » Elle m'a demandé si j'étais fou. Je lui ai répondu : « Non, je mange à la table où c'est arrivé. » Quand je mange à cette table, c'est un moment que je prends pour penser à ma mère.

*Sa voix est étranglée par l'émotion.*

Ce que je trouve triste aussi, c'est qu'elle n'a jamais vu ma fille Lili. Je m'en veux presque de ne pas avoir eu mes enfants plus tôt.

**Pour vous souvenir d'elle, vous avez planté un arbre sur son terrain.**

Ma mère avait acheté un pommier à la naissance de ma plus vieille, Ève. Ensuite, on a fait planter un lilas pour Lili. En souvenir de ma mère, on a planté un arbre sur son terrain. Pour elle, son terrain, c'était sa plus grande fierté. Quand elle est devenue veuve, l'assurance a payé la maison telle qu'elle était, mais c'était tout. Ma mère était fière d'avoir réussi à garder cette maison-là, d'avoir aménagé le terrain, d'avoir construit le terrain de tennis, d'avoir creusé la piscine.

**Quel arbre avez-vous planté pour ta mère ?**

*Jean ne se souvient pas. Il demande à sa femme. Valérie entre dans la pièce.*

Valérie : Un chêne parce que c'est l'arbre qui reste le plus longtemps. C'est l'arbre le plus fort. Moi, je ne pourrais pas te parler de ma belle-mère, je pleurerais trop. Je l'aimais beaucoup.

*Valérie nous laisse seuls. Elle quitte la pièce en pleurant.*

**Maintenant, tu es père, mais tu n'as plus ni ton père, ni ta mère. Est-ce que ça change ta façon d'être parent ?**

Je veux donner beaucoup de temps à mes enfants. Je veux leur faire vivre le plus d'expériences possible. C'est sûr que j'ai eu mes filles vers quarante ans. Quand je vais avoir soixante ans, elles auront juste vingt ans. Ma mère est décédée au début de la soixantaine. Mon père est mort à trente ans. J'espère que je vais vivre plus longtemps et en meilleure santé pour vivre le plus de beaux moments possible avec elles.

# Roxane Lecours

## Un autre regard

Roxane Lecours a été ma professeure de français en secondaire 5. Cet être d'exception était déjà une femme remarquable.
Une superbe rouquine à la silhouette de rêve, qui a sans doute
fait rêver plus d'un de ses étudiants et plusieurs pères, qui ne
se faisaient pas prier pour assister aux réunions de parents.
Malgré son apparence de jeune femme à peine majeure, elle
savait tenir d'une main ferme toute une classe d'adolescents.
Roxane avait ce qu'on appelle « la vocation ». C'était une Émilie
Bordeleau de la fin du 20ᵉ siècle. Une bombe d'énergie. Une
ayatollah de la ponctuation. Une amoureuse du français et de
la phonétique, qui s'était donné pour mission de ne laisser
partir aucun étudiant du secondaire sans qu'il ne maîtrise
les règles de base de grammaire. Ses yeux bleus perçants ne
laissaient passer aucune faute de français. Ses magnifiques
yeux bleus qui, aujourd'hui, ne voient presque plus.

Au moment où Roxane m'enseignait, elle est tombée
amoureuse de Pierre, l'homme de sa vie. J'étais au cégep
quand elle est devenue enceinte de Charles. Sa grossesse a été
le catalyseur d'une maladie qui lui a fait perdre graduellement
la vue, puis, par moment, l'usage de ses jambes. La meilleure
professeure que j'ai connue a dû renoncer à l'enseignement.
En devenant mère, elle a perdu tous ses repères. Elle a été
plongée dans un autre monde. Un monde où les images
sont floues. Où on ne voit que les ombres, les lumières et
les contours.  Cette épreuve aurait pu se transformer en
cauchemar. Pas pour Roxane, une battante, une amoureuse
de la vie et une source d'inspiration.

**Entrevue**

**Quand je t'ai connue, tu avais 33 ans.
Tu étais célibataire et sans enfant.
À l'époque, voulais-tu devenir mère ?**
À ce moment-là, j'avais fait le deuil d'avoir
des enfants. J'étais seule depuis peu et je
me disais qu'il était trop tard pour que je
rencontre l'homme de ma vie et qu'on ait
des enfants. D'autre part, je n'ai jamais
senti « l'appel ». Je ne voulais pas d'enfant
à tout prix. Je n'en aurais jamais conçu un
toute seule. Quand j'ai rencontré Pierre, tous
les morceaux du casse-tête se sont placés.
Notre situation était tellement simple.
Il rêvait d'avoir des enfants. Ça s'est donc
fait naturellement. Je savais que je ne
pouvais pas faire de plus beau cadeau à
mon amoureux que de lui faire un bébé. On
en aurait même fait un la première année
si nous n'avions pas eu peur d'inquiéter
nos familles. Je savais que cet homme-là
pouvait être le père de mon enfant. Plutôt
de « mes » enfants, car, à l'époque, je ne
pensais pas que j'en aurais seulement un.

**Ta rencontre avec Pierre est une très
belle histoire. Peux-tu la raconter ?**
On s'est rencontrés vers la fin des années
1960. Nos parents se connaissaient.

L'été, mes parents louaient un chalet à la
campagne à côté du leur. Pierre était comme
mon frère. L'hiver, on ne se voyait plus du
tout. Mais pendant près de dix ans, tous
nos étés, on les passait ensemble. Quand
j'ai eu quatorze ans, nous sommes tombés
amoureux. C'était un amour d'adolescent.
Quelques mois plus tard, nous avons rompu.
Mais j'ai toujours gardé un bon souvenir
de cette relation. On s'est revus à quelques
reprises à l'âge adulte, mais j'étais en
couple. Puis, à l'automne 1997, alors que
nous étions tous les deux célibataires, nous
avons soupé ensemble. Deux semaines plus
tard, il déménageait chez moi. Malgré nos
différences, c'est comme si nous étions
faits l'un pour l'autre. J'étais surprise.
Pas Pierre. Dans sa tête, et il me le dit
encore aujourd'hui, il est tombé amoureux
de moi quand il avait huit ans. Après 13 ans
de vie commune, quand je lui demande :
« M'aimes-tu ? », il me répond : « Je t'ai
toujours aimée ! »

**Pendant ta grossesse, tu es tombée
malade. Qu'est-ce qui est arrivé ?**
Au printemps 1999, je suis devenue
enceinte. J'étais enceinte de quatre mois.
Je faisais de la correction. Puis, quand je
me suis frotté un œil, j'ai réalisé que je ne

voyais presque plus rien de l'autre.
Tout était embrouillé. Cinq jours plus tard,
j'ai commencé à avoir mal à l'arrière de
l'œil. Mon médecin m'a dit de me rendre
sur-le-champ à l'urgence. On m'a dit que
je faisais une névrite optique, que ça se
résorberait, mais que cet œil garderait
des séquelles. Je leur ai dit : « Ce n'est
pas grave. Je porterai des lunettes avec
un verre plus épais. » On m'a répondu :
« Les lunettes ne changeront rien, c'est
le nerf optique qui est atteint. » J'étais
suivie par une neuro-ophtalmologiste.
Je lui ai demandé si je risquais de faire
d'autres névrites. Elle m'a répondu que
non. Perdre un œil, je ne trouvais pas que
c'était si dramatique et j'étais certaine
de recommencer à enseigner après mon
congé de maternité. Je ne pensais pas
que l'autre œil serait attaqué. Puis, le 2
janvier 2000, soit un mois et demi après
la naissance de mon fils, toute ma vie a
été chamboulée. Je me souviens de la
date parce que je n'ai vu qu'une seule
journée de l'an 2000. Je me dis toujours :
« C'est comme si j'avais absolument voulu
voir l'an 2000 ». Le 2 janvier 2000, quand
j'ai ouvert les yeux, le matin, mon autre
œil était attaqué. Et en dix secondes – ça
s'est passé très vite dans ma tête –, je
savais que je n'enseignerais plus jamais.
Je devenais handicapée visuelle. Je savais
que ma vie venait de changer.

## Ce n'était donc pas une simple névrite optique ?

Non. J'ai été suivie par un neurologue
spécialiste de la sclérose en plaques, le
Dr Pierre Duquette. Il a découvert que
j'avais une maladie cousine de la sclérose
en plaques. Je risquais donc de faire
plusieurs autres névrites optiques et de
perdre davantage la vue, chaque fois. Je
crois que j'en ai fait quatorze. Aujourd'hui,
j'ai un œil qui ne voit plus rien et l'autre
qui ne fonctionne qu'à environ 5 %.

## De quelle maladie souffres-tu, exactement ?

La maladie de Devic, du nom de l'homme
qui l'a découverte. Son nom scientifique
est la neuromyélite optique. C'est très
rare. Nous ne sommes que quelques-uns
au Québec à en souffrir. Les lésions au
cerveau ne sont pas aux mêmes endroits
que dans le cas de la sclérose en plaques.
Dans notre cas, ce sont les yeux qui
sont d'abord attaqués. Ensuite, il peut y
avoir des troubles moteurs. Ça vient par
poussées et ça se résorbe éventuellement.

## Est-ce que cette maladie est reliée à ta grossesse ?

C'est très fréquent que la sclérose
en plaques se déclenche lors d'une
grossesse. Par contre, on ne connaît pas
le lien exact. J'aurais pu, par exemple,
développer la maladie sans tomber
enceinte. Dans mon cas, les hormones
ont sûrement joué un rôle, car, encore
aujourd'hui, la maladie est liée à mon
cycle hormonal.

**Tu es devenue mère en même temps que tu as perdu subitement la vue. Comment as-tu fait pour apprivoiser ces deux nouvelles réalités ?**

Une chance que j'ai eu beaucoup d'aide de mon amoureux. Aussi, quand mon fils était bébé, je voyais encore assez pour m'occuper de lui et le nourrir au biberon. C'est devenu plus compliqué quand il a commencé à marcher. Nous avons organisé la maison pour qu'elle soit très sécuritaire. De cette façon, je pouvais avoir l'esprit tranquille. Quand il a eu quatre ans, ce n'est plus sa sécurité qui m'angoissait, mais son développement. Je ne pouvais pas aller au parc avec lui. Mes yeux étaient trop sensibles à la lumière. Dès qu'il s'éloignait, je ne le voyais plus et je paniquais. Charles était coincé dans la maison avec moi. Je me disais : « Quel genre d'enfant ça va faire ? » Mais, le plus gros deuil que j'ai eu à faire et, honnêtement, il n'est pas encore fait, c'est de ne pas pouvoir lire d'histoire à mon fils. Comme enseignante, j'aimais lire à haute voix des chapitres à mes grands élèves de 5e secondaire. Là, j'avais un enfant et je ne pouvais pas le faire.

**Jeune, ton fils pensait même que tu ne savais pas lire.**

Alors qu'il terminait un travail pour l'école, il a demandé à son père comment s'épelait un mot. C'est moi qui ai répondu. Comme il ne m'avait jamais vu lire, il a dit : « Hein, maman sait lire ? » Ça m'a donné un coup. Quand mon fils était petit, j'ai vraiment eu l'impression qu'il me considérait comme une bonne à rien. Ce n'était pas méchant de sa part. C'est vrai que je n'étais bonne à rien pour lui. Je n'étais pas capable d'assembler des casse-tête, de lire, de faire de vélo, de dessiner… Pourtant, je dessinais très bien avant de perdre la vue. Quand Charles est entré en deuxième année, il a pu me lire les consignes de ses devoirs.

J'ai alors pris en charge cette partie de son éducation. Un jour, ça faisait quelques mois que je l'aidais dans ses devoirs, il s'est arrêté, m'a regardée et m'a dit : « Maman, tu devais être une bonne prof ! » C'était la première fois que j'avais le sentiment que mon enfant me trouvait bonne dans quelque chose. À partir de ce moment-là, je me suis enfin sentie utile. Ça faisait sept ans que je ne m'étais pas sentie utile. Depuis que j'ai pris en charge les devoirs, c'est l'activité principale de ma vie ! (rires)

**46** **Est-ce que le deuil de l'enseignement a été difficile à faire ?**

Étonnamment, non. À une époque, je ne vivais que pour l'enseignement. Je croyais que si je devais arrêter d'enseigner, je mourrais. Mais, on se rend compte qu'on n'en meurt pas. Le deuil s'est fait en dix secondes quand j'ai réalisé que je ne pourrais plus enseigner… et que je ne pouvais rien y changer. Parfois, quand ça me manque, je pense à la correction, et ça passe. (rires) Je crois aussi que, dans n'importe quelle situation, on trouve des forces qu'on ne pensait pas posséder. Il y a quelqu'un qui m'a déjà dit : « Je ne sais pas ce que je ferais à ta place. Je pense que je me suiciderais. » Bien non !

**Comment expliques-tu ta force de caractère ?**

Je n'avais plus le contrôle sur mon corps. Je me disais que la seule chose sur laquelle j'avais de l'emprise, c'était mon moral. Je voyais mon amoureux se démener avec l'entretien de la maison, les repas, mon transport, les visites à l'hôpital. Il en avait beaucoup sur les épaules. Je me disais : « La moindre des choses, c'est de lui rendre la vie facile avec ma bonne humeur. »

**Est-ce que le deuil d'avoir un deuxième enfant a été plus difficile à vivre ?**

Quand j'ai fait ma deuxième névrite, mon neurologue m'a dit qu'une deuxième grossesse serait trop risquée. Je me suis donc fait ligaturer les trompes. Je n'ai eu aucune hésitation. Ce que j'ai trouvé difficile, c'est que Charles n'ait pas de frère ni de sœur. Jeune, quand il voyait un autre enfant, il devenait fou comme un balai. Je me sentais coupable qu'il soit enfant unique. Je ne peux pas m'empêcher de penser qu'un jour, son père et moi allons vieillir et qu'il sera seul. En même temps, il n'est pas le seul enfant unique sur la planète. Il va s'en sortir.

**Ton fils est resté seul avec toi à la maison. Selon toi, quel impact cela a-t-il eu sur votre relation ?**

Quand il était petit, comme j'étais malade, son père s'occupait beaucoup de lui. Alors contrairement aux autres enfants, il a d'abord eu sa période « papa » et, ensuite, celle « maman ». Notre lien est assez fusionnel. Il a onze ans et s'il vient écouter la télévision à côté de moi, il se colle, il appuie sa tête sur mes épaules. Ça ne l'empêche pas d'avoir beaucoup d'amis. Il n'est pas toujours sous mes jupes.

**Est-ce que ton fils a toujours été conscient de tes limites ?**

Oui. Même quand il était jeune et qu'il jouait aux petites autos avec un ami, il lui disait : « Fais attention. Il ne faut pas laisser traîner d'autos parce que maman peut trébucher. » Très jeune, il me guidait pour traverser la rue au feu vert. Je n'ai jamais senti que mes limites le dérangeaient. Il a toutefois eu peur de la maladie. Il me demandait souvent : « Maman, est-ce que tu vas guérir ? » Je lui répondais : « Non, je ne guérirai pas. » C'était difficile de lui faire comprendre que je serais toujours malade, mais que je n'allais pas en mourir pour autant. En tout cas, pas tout de suite.

Je me souviens, quand il était à la maternelle, on est allés dans une fête d'enfant avec un clown, qui a organisé un combat d'éponges. Charles est intervenu tout de suite. Il a dit : « Il faut faire attention à ma maman, elle est handicapée visuelle. » Il avait six ans. Il n'a jamais eu honte de ma maladie. Il en parle ouvertement à l'école. Ce qu'il a trouvé plus difficile, c'est quand il m'a vue en fauteuil roulant les premières fois. Ce n'est pas parce que ça le gênait ou qu'il avait honte, mais parce que j'avais l'air vraiment « malade » pour lui. Maintenant, il a apprivoisé la chaise roulante. C'est nouveau, mais depuis quelque temps, il dit : « Je veux te pousser, maman. »

**Est-ce que ça te dérange d'accepter l'aide de ton fils?**

Pas du tout. Je n'ai pas cet orgueil-là. Je n'ai pas de difficulté à demander de l'aide. Ce qui a été plus difficile, c'est de sortir pour la première fois la canne blanche, qui n'est pas l'accessoire le plus sexy. On m'avait fourni une canne, mais je n'avais jamais osé l'utiliser. Un soir, je suis allée au parc Ahuntsic assister à un spectacle de Plume Latraverse. Je devais me rendre aux toilettes et je ne savais pas comment j'y parviendrais sans tomber. Là, j'ai regardé Pierre et je lui ai dit : « Je pense que je la sors. » (silence) C'est une grosse décision. Tu as l'impression de te déguiser en aveugle. Quand je l'ai sortie, les gens se tassaient, enlevaient leurs affaires. Je me sentais comme Moïse ! Tout s'ouvrait devant moi ! C'était la première fois, depuis cinq ans, que je me sentais en sécurité en marchant à l'extérieur. À partir de ce moment-là, je n'ai plus jamais quitté la canne.

**Comment ta maladie transforme-t-elle ton fils ?**

Peut-être que d'avoir une maman différente, qui se promène avec une canne blanche ou un fauteuil roulant, fait de lui un être plus sensible et plus compatissant. Il a aussi sans doute moins de préjugés face aux différences. En fait, je pense qu'il a la bonté de son père, cet enfant-là. Il s'amuse autant avec les filles qu'avec les garçons. À l'école, il joue avec les enfants qui sont en adaptation scolaire.

**Quand il était bébé, tu craignais de ne pas le voir quand il aurait dix ans. Il a maintenant onze ans. Le vois-tu encore un peu ?**

Oui, mais je dois m'approcher pour voir son visage. Je peux aussi regarder une photo de lui avec ma loupe. J'arrive alors à mieux détailler tous ses traits. Donc, je sais encore à quoi il ressemble. Je sais qu'il est beau. Je suis contente d'avoir pu le voir jusqu'au moment où il s'est mis à me ressembler. Bébé, il était tout le portrait de son père. En vieillissant, il me ressemble. C'est à s'y méprendre quand on regarde deux photos de nous au même âge. J'espère que je vais pouvoir continuer à le voir, car je ne peux pas m'imaginer ne plus le voir du tout. C'est encore moi qui choisis ses vêtements. C'est important pour moi que

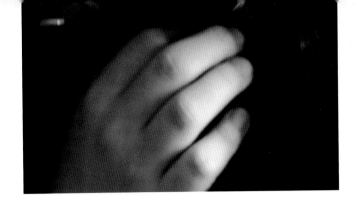

les couleurs soient coordonnées. Comme je ne peux pas le faire toute seule, je prépare des ensembles avec une personne qui m'indique quels vêtements s'agencent bien. Je ne voudrais pas que quelqu'un, en le regardant, puisse se dire : « Ça paraît que sa mère ne voit pas clair ! » Quand il était bébé, c'est ma sœur qui a acheté sa première paire de souliers, car j'étais trop malade pour y aller moi-même. J'avais l'impression que je n'aurais jamais le contrôle, que je ne verrais jamais comment il est habillé, de quoi il a l'air et que ce serait quelqu'un d'autre qui s'en occuperait.

**Parfois, est-ce que tu penses à ce qu'aurait été ta vie sans Charles ?**
J'ai eu mon fils à trente-cinq ans. J'ai longtemps été une femme sans enfant. Jamais je n'aurais imaginé aimer un être humain à ce point. C'est animal. Si on m'avait dit, alors que j'étais enseignante : « Tu vas devenir mère à temps plein et ça te comblera encore plus que ton métier. », je ne l'aurais pas cru. Aujourd'hui, si on me disait : « On te redonne ta santé, ta vue, mais tu reviens 15 ans en arrière et tu n'as pas ton enfant ? » Je n'accepterais jamais de la vie ! Quand on dit : « L'important, c'est la santé », je ne suis pas d'accord. Je pense que le plus important,

c'est d'être bien entouré. Tu peux alors passer à travers les problèmes de santé. Je me considère comme une femme heureuse. Même si je ne suis pas en santé. J'ai un amoureux extraordinaire, j'ai un enfant magnifique. Je pense que c'est plus important que le reste. Et, pour eux, je serais prête à en prendre encore…

# Jean-François Mercier et Monique Leclerc

## La rébellion

Intriguée par la relation que Jean-François Mercier, un gars qui s'autoproclame « gros cave », entretient avec sa mère, j'ai absolument voulu les rencontrer tous les deux ensemble. Monique, la mère, est arrivée trente minutes en avance; Jean-François, trente minutes en retard, prisonnier d'un bouchon de circulation monstre, une grosse tempête de neige s'étant abattue sur la ville.

C'est l'entrevue la plus étrange que j'ai réalisée pour ce livre. J'ai fait la rencontre de deux personnes qui voient les choses de façon tout à fait opposée, mais avec le même regard lucide, teinté d'un humour décapant.

Après avoir écouté sa mère pendant des années, Jean-François s'est rebellé à trente ans. La crise d'adolescence n'est pas terminée. Les comptes ne sont pas tous réglés. Malgré la tension palpable pendant l'entretien, j'ai senti tellement d'amour, parfois exprimé de façon maladroite, mais authentique. Si vous ressentez un malaise à la lecture de certains passages, c'est normal, je l'ai aussi vécu.

**Entrevue**

**Comme Jean-François n'est pas arrivé, je vais en profiter pour faire votre connaissance. Monique, pourquoi avez-vous accepté de répondre à mes questions ?**

**M.** : Parce que j'aimerais avoir sa vision des choses sur certains événements. On est deux personnes différentes. Même si on est mère et fils, je suis certaine qu'on ne voit pas les événements de la même façon.

**Quels sont vos premiers souvenirs de Jean-François quand il était bébé ?**

**M.** : Je lui lisais des livres. Quand il se couchait dans l'après-midi, il répétait tous les nouveaux mots qu'il avait appris. Une fois, j'avais acheté un jeu avec toutes les lettres. Il me les apportait une à une pour que je les nomme. Quelques jours plus tard, il m'a apporté les vingt-six lettres et les a toutes récitées. À deux ans, il connaissait déjà son alphabet.

Un jour, il jouait dans la cour et se laissait tomber en disant : « Tomber sur le cul ! » Je l'avais sermonné : « On ne dit pas ça, Jean-François, ce n'est pas beau. » Quelques jours plus tard, j'avais de la visite, il me redit : « Regarde, maman, je suis tombé sur le cul. » Je lui répète : « Je t'ai dit qu'on ne disait pas ça ! » « Regarde, c'est vrai ! » Il avait mis sa lettre Q par terre et s'était assis dessus.

**Jean-François est l'aîné de la famille. Quand votre mari est décédé, votre fille n'était pas encore née…**

**M.** : Non, j'étais enceinte de 3 mois. Jean-François a perdu l'amour de son père et il s'est ramassé avec une sœur. Ça n'a pas dû être facile pour lui. Au tout début, il faisait des cauchemars. Puis, un moment donné, il a pleuré, pleuré, pleuré. Il était couché et il ne savait pas pourquoi il pleurait. Je lui ai demandé s'il s'ennuyait de son père. Après ça, ç'a été correct. Il avait trois ans et demi quand son père est mort. Ce n'est pas facile à comprendre pour un enfant. Je l'ai emmené au salon funéraire, mais pas à l'enterrement. Il ne savait pas où était passé son père. Il l'avait seulement vu dormir. Il ne comprenait pas tout à fait ce qu'était la mort.

**Comment Jean-François a-t-il été affecté par le décès de son père ?**

**M.** : Des fois, je pense que si son père avait vécu, Jean-François serait différent. Mais de quelle façon ? Je ne le sais pas. Les deux auraient sûrement eu beaucoup de plaisir ensemble. Je me souviens d'une fois où ils

jouaient au ballon tous les deux dans la maison. Je les préviens : « Allez dehors ! » En disant ça, je reçois le ballon dans mon café. Mon mari dit à Jean-François : « Je pense qu'on est mieux de ne plus jouer au ballon dans la maison. » Il y aurait probablement eu une belle complicité entre les deux. Mais ce n'est pas ça qui est arrivé. Qu'est-ce que tu veux qu'on fasse ? On ne peut pas revenir en arrière.

**Avez-vous eu l'impression de jouer le rôle de la mère et du père ?**

**M.** : La personne qui réparait la bicyclette, c'était moi. Et celle qui allait jouer au baseball, c'était moi aussi. À la fête des Pères, je disais à la blague: « J'ai besoin d'un cadeau. » Mes parents sont venus vivre dans le sous-sol de notre maison. Grâce à mon père, Jean-François avait quand même une présence masculine, avec des valeurs anciennes, comme il dit souvent, mais c'était au moins ça.

**Comment était-il à l'école ?**

**M.** : Quand il a commencé l'école, il ne voulait pas étudier. Je l'aidais dans ses leçons. Je lui faisais épeler les mots. Il ne retenait rien ! Je me disais : « Seigneur, il est assez cruche ! » Puis, j'ai réalisé qu'il faisait exprès pour faire durer le plaisir parce que je m'occupais de lui. C'était quand même un premier de classe, Jean-François. Donc, je n'avais pas besoin de me forcer, il était capable. Il pouvait passer des heures à jouer aux échecs dans sa chambre.

**Ça n'a pas été facile pour Jean-François à l'école, car il n'avait pas beaucoup d'amis. En étiez-vous consciente ?**

**M.** : Jean-François n'est jamais allé vers les autres. Ce sont les autres qui viennent vers lui. À l'adolescence, il s'assoyait devant le miroir pour se haïr, pour se trouver laid. Mais il me semble qu'il avait des amis. Il me disait qu'il était ami avec tout le monde dans sa classe. Les riches comme les pauvres. Le plus difficile pour lui, c'est quand il est entré au Collège l'Assomption. Il s'est fait battre par les jeunes de l'école à cause de sa tenue vestimentaire. J'étais allée magasiner avec lui et je lui avais acheté des chemises luisantes, qui étaient à la mode à l'époque. Il s'est fait déchirer son linge sur son dos. Après cet incident, il n'a plus voulu reporter ses vêtements et on est allé en acheter d'autres.

**Comment aviez-vous réagi ?**

**M.** : Moi, je ne suis pas le genre à m'attendrir tellement. J'ai dû être plus fâchée parce qu'il s'était battu. À l'adolescence, il m'a dit : « Je dois être le seul à Repentigny qui n'a jamais volé. » J'ai dit : « Tu as peur de la police ? » Il a dit : « Non, c'est de toi que j'ai peur ! » J'ai quand même dû avoir un peu de pogne !

54

**Qu'est-ce qui vous a rendue
le plus fière de votre fils ?**

**M.** : Je suis contente de voir qu'il aime
ce qu'il fait. Pour tout de suite, il gagne
bien sa vie. Il est très travaillant. Aussi, je
trouve qu'il est intelligent. Ce n'est pas une
qualité parce que tu l'es ou tu ne l'es pas.
Quand il a fait son cours d'actuariat, il fallait
qu'il passe des examens pour la Société
des actuaires. Il est arrivé environ 1 200$^e$.
J'étais déçue, mais quand j'ai su que c'était
sur 20 000, j'ai changé mon fusil d'épaule !

**Jean-François a déjà affirmé que c'était
pour vous faire plaisir qu'il avait étudié
en actuariat. Le saviez-vous à l'époque ?**

**M.** : C'est en l'écoutant à la télévision que
j'ai appris qu'il avait fini son baccalauréat
pour me faire plaisir. Ça m'a fait un petit
pincement d'entendre ça. Je me suis
demandé : « Coudonc, j'étais quelle sorte
de mère, moi ? » Il devait avoir peur de moi
pour vrai.

**Qu'est-ce que Jean-François
a retenu de vous ?**

**M.** : Quand il était jeune, je lui demandais
d'aller faire des commissions. Ça ne lui
tentait jamais, mais il y allait pareil. Alors
là, je disais : « Jean-François, si ça ne te
tente pas, tu dis non, tu ne le fais pas. »
Ç'a rentré ! Mais juste envers moi ! Si je lui
demande quelque chose, c'est non. Je ne
peux pas chialer, je ne demande rien.
Je sais que, du côté monétaire, je n'aurais
pas de difficulté avec lui. Mais ce n'est pas
mon style de lui demander de l'argent.
J'irais d'abord quêter sur le bord de la rue.

*Jean-François arrive. Il est contrarié de
son retard. Il s'assoit sur le même divan
que sa mère, mais le plus loin possible.
C'est alors que l'entrevue prend une
nouvelle tournure. À partir de ce moment,
je ne sais plus très bien si j'étais
intervieweuse, arbitre, thérapeute
ou spectatrice d'un duo d'humour.*

# Dans le voisinage, c'est moi qui avais le plus beau bicycle.

**Avant que tu arrives, ta mère m'a dit que tu avais peur d'elle et que c'est pour ça que tu n'as jamais fait de mauvais coups.**
**J.F. :** Ma mère m'a inculqué des valeurs idéalisées. Mon grand-père et ma grand-mère ont aussi participé à mon éducation. J'avais des valeurs d'une autre époque. Mon grand-père me disait des affaires du genre : « C'est correct de se battre, mais un contre un. » Ce n'était plus ça pantoute. La norme, c'était de ne pas se battre. Et si on se battait, on se mettait toute une gang contre un gars. Comme ça, on était sûrs qu'on ne risquait rien. J'avais un bon fond, des belles valeurs idéalisées et je ne voulais pas décevoir ma mère, mais finalement, j'aurais dû m'en crisser. Ç'a été long pour moi, me débarrasser de l'éducation que j'ai eue. À un moment donné, tu te dis : « Hey crisse, ostie, ça n'a aucun répondant dans la réalité ce qu'on m'a enseigné. » C'est bien beau Bobino, mais quand ce n'est pas ça, la vie, ça ne donne pas grand-chose.

**Quels premiers souvenirs as-tu de ta mère ?**
**J.F. :** Quand elle me corrigeait physiquement. Ç'a l'air bien terrible, mais, à la décharge de ma mère, c'était ça l'éducation à l'époque.

**M. :** Un moment donné, je me suis donné un coup avec ma cuillère de bois. J'ai réalisé que ça faisait mal. Je me suis dit : « Ça n'a pas d'allure, tu ne peux pas utiliser ça ! »

**J.F. :** Les supports à vêtement, ce n'était pas bien mieux, si tu veux mon avis.

**M. :** Bien non, c'est la même affaire !

**J.F. :** Ceci étant dit, dans les beaux souvenirs d'enfance que j'ai, il y a le carré de sable que ma mère m'avait fait. On avait une piscine, un jeu d'hébertisme. J'étais quand même assez gâté. Dans le voisinage, c'est moi qui avais le plus beau bicycle. Ça faisait chier les autres, c'était l'fun !

**M. :** Tu étais solitaire en partant.

**J.F. :** Ma mère m'avait acheté des Tonkas, mais je ne jouais pas vraiment avec ça.

**M. :** Il aimait plus jouer aux G.I. Joe. Il installait les avions par terre avec son petit bonhomme dans sa main. C'était sa façon de jouer. Il était étendu sur son lit et il jouait. Juste lui et son imagination.

# Ça faisait chier les autres, c'était l'fun !

**J.F. :** Ouais, je me faisais des scénarios.

**M. :** Et quand les autres enfants jouaient aux petits camions, il revenait chez nous. « Ah, c'est plate! Ils jouent aux camions. » Il jouait tout seul.

**J.F. :** J'étais un moyen loser finalement !

**M. :** Tu étais un peu différent des autres, c'est tout.

**Que faisait ta mère pour te faire plaisir ?**
**J.F. :** Ce sont des affaires qui te manquent quand tu ne les as plus. Le manger de ta mère. Moi, je me suis toujours plaint de ce qu'on mangeait. Il faut dire que ce n'était pas très varié non plus. Des osties de patates à tous les crisses de repas. Des osties de patates bouillies !

**M. :** J'aime ça, les patates !

**J.F. :** Elle faisait du foie une fois par semaine, ostie. Ni moi, ni ma sœur, on aime ça. Elle ne faisait pas du foie de veau cuit dans le bacon, non, du foie de bœuf, tabarnac, dans le beurre…

**M. :** Ce n'est pas vrai, c'était du foie de porc. Je m'en fais encore ! C'est vraiment le mets que je préfère.

**J'ai parlé avec ta mère du décès de ton père. De quoi te souviens-tu de ce moment ?**
**J.F. :** Je suis allé au salon, je m'en rappelle.

**M. :** Oui, tout le monde te payait de la liqueur !

**J.F. :** Tu sais, quand tu es petit gars et que tu te fais dire : « Mon père est plus fort que le tien », tu fais : « C'est sûr, le mien est mort. » Tu es laissé à toi-même. Tu sais qu'il n'y a pas personne qui va venir te défendre. Tu prends assez vite conscience que tu n'es pas fort.

**Un moment où tu aurais sans doute eu besoin de lui, c'est quand tu t'es fait battre à l'école. Comment ta mère a-t-elle réagi quand c'est arrivé ?**
**J.F. :** Comme une mère. C'est-à-dire comme il ne faut pas. Ça ne sait pas quoi faire. Ça dit : « Ils vont finir par se tanner. » Mais quand tu es à terre, tu as hâte qu'ils se tannent.

**M. :** Je t'avais racheté d'autre linge, par exemple.

**J.F., sarcastique** : Ben non, il n'y a pas de problème. Je viens de me faire battre, mais j'ai du nouveau linge. De quoi je me plains ?

*Les deux éclatent de rire.*

**J.F. :** Si je me cherche un writer, je vais penser à toi. On pourrait faire un duo comique là-dessus.

*Nouvel éclat de rire.*

### Te sentais-tu couvé par ta mère ?

**J.F. :** Ma mère est peureuse. Elle s'en fait pour rien. L'autre fois, je l'appelle, elle me dit : « Quoi de neuf ? » J'ai dit : « Ah, rien ! », en reniflant. Là, elle m'écrit deux jours après : « Je sais que tu pleurais l'autre jour. Dis-moi ce que tu as. Ta blonde est enceinte ? T'es ruiné ? Marie-Ève est partie ? C'est pour ça que tu reniflais? » Non, j'étais en train de me décrotter le nez, j'ai juste respiré pour ravaler un peu de morve.

**M. :** Ce n'est pas ça qui est arrivé, sinon pourquoi je me serais énervée ?

**J.F. :** C'est drette ça, mon point ! Moi et ma mère, on a une vision extrêmement différente. Elle s'énerve pour rien. Quand j'ai vraiment un problème, je ne lui en parle même plus maintenant.

**M. :** Tu devrais, j'aimerais ça.

**J.F. :** Pas moi, justement. L'autre fois, je lui disais : « Le monde ne m'appelle plus pour des contrats, car ils savent que je vais charger trop cher. » Elle était sans connaissance. « Ah, mon Dieu ! Pourquoi tu fais ça ? Pauvre sans dessein ! Là, s'il n'y a plus personne qui t'appelle, tu n'auras plus de job. » J'ai dit : « Tsé, maman, aimes-tu mieux gagner 100 000 $ tout de suite ou 10 000 $ pendant 10 ans ? » Elle a dit : « 10 000 $ pendant 10 ans. » J'ai dit : « OK, je vais te le répéter, je pense que tu ne m'as pas suivi. Aimes-tu mieux gagner 100 000 $ tout de suite ou 10 000 $ pendant 10 ans ? » Elle a dit : « 10 000 $ pendant 10 ans. Au moins, je suis sûre d'avoir 10 000 $ pendant 10 ans. » À partir de là, on n'a plus rien à se dire.

**M. :** C'est ça, on n'a jamais pensé les mêmes affaires.

**J.F. :** Moi, je prétends que je n'ai pas de conseils à recevoir de ma mère. Je me dis : « Occupe-toi de ta vie à toi, laisse faire la mienne. La mienne va très bien. »

**M. :** Moi, j'aimerais ça qu'on s'occupe de la mienne des fois, par exemple.

**J.F. :** On s'occupe de la tienne des fois, par exemple.

**M. :** Un peu plus ! Aussi bien laver notre linge sale. Pour moi, dans la vie, la seule personne qui est capable de te dire tes quatre vérités, c'est moi, c'est ta mère. L'autre fois, tu passais à la télévision et je trouvais que tu pouvais améliorer certaines affaires. Mais tu ne l'as pas pris comme ça.

**J.F. :** Tu sais, maman, des gens qui me disent ce que je dois améliorer, des gens qui m'ont dit que je n'aurais jamais de carrière, il y en a plein.

**Que retiens-tu de ta mère ?**
**J.F. :** On imagine qu'on est meilleur que nos parents. Mais au final, on est bien semblable. Bien des fois, on s'haït parce qu'on fait quelque chose qui ressemble à nos parents.

**M. :** Je ne t'haïs pas, moi, par exemple.

**J.F. :** C'est pas ça que je veux dire. Tout le monde a quelque chose à reprocher à ses parents. Mais il ne faut pas que ça devienne une défaite.

**M. :** Je n'ai quand même pas manqué mon coup tant que ça.

**J.F. :** Ça aurait pu être pire !

*Les deux rient de bon cœur.*

**Quelles valeurs ta mère t'a-t-elle transmises ?**

**J.F. :** Ma mère a toujours dit : « Ça ne sert à rien de chialer ou d'engueuler le monde. On peut avoir tout ce qu'on veut avec la politesse. » C'est un beau principe, mais ce n'est pas vrai. On peut tout avoir quand on tient quelqu'un et qu'on rentre sa tête dans le mur. Dans notre société de crosseurs, on ne se rend pas loin avec la politesse.

J'ai été élevé pour me faire manger la laine sur le dos et pour ne jamais rien demander. Quand on allait chez des vieilles tantes qui en perdaient des bouts, ma mère me disait : « Si on t'offre de la liqueur, la première fois, tu dis non merci. Quand on t'en offre une deuxième fois, là, tu peux en prendre. C'est plus poli. » J'écoutais ma mère. La première fois, mes tantes m'en offraient. Je refusais poliment et là, elles me regardaient avec un sourire qui voulait dire : « C'est un bon petit gars. Il est bien élevé. » Je me disais : « Elles vont m'en proposer une deuxième fois. » J'attendais. Non, elles oubliaient ! Elles sont là avec leur verre et elles pensent que tu peux survivre avec une crisse de flaque d'eau. Maintenant, je me dis : « Si tu veux de la liqueur, tu en prends. » Selon ma mère, si on voulait quelque chose et qu'on se le faisait

offrir, il fallait refuser. On était rendu à un troisième degré de se faire manger la laine sur le dos.

**Quand t'es-tu rebellé ?**

**J.F. :** À trente ans. Toute ma vie, j'avais tout fait ce qu'on m'avait dit de faire. Malgré tout, je ne trouvais pas ma place dans la société. J'avais abaissé toutes mes ambitions. Tu te dis : « Soit que je plie et que je passe ma vie à genoux ou soit que j'essaie de me tenir debout et que je risque de me casser la gueule. »

**M. :** C'est à ce moment-là qu'il a pris ses distances.

**J.F. :** J'étais sur le point d'envisager le suicide comme une bonne option. Donc avant de me tirer une balle dans la tête, j'ai essayé de réaliser mon rêve. Je me suis inscrit à l'École nationale de l'humour. Je me suis dit : « Je me tirerai une balle dans la tête quand je réaliserai que ça non plus, ça ne fonctionne pas. » Je me suis accroché à ça, c'était une question de survie. J'ai tout tassé ce qui me freinait, et ma mère était un frein, parce qu'elle avait peur de tout. Elle n'est pas assez occupée et trop préoccupée.

**Comment ta mère a-t-elle réagi quand tu lui as annoncé que tu allais à l'École nationale de l'humour ?**

**J.F. :** Aujourd'hui, ma mère est contente de dire qu'elle m'a toujours encouragé. Ce qui est vrai en ce qui concerne le théâtre, mais moins en humour. Quand je lui ai annoncé que j'allais à l'école de l'humour, il y a eu un silence qui a duré vingt minutes. Elle l'a brisé en disant : « De l'humour… De l'humour ? Mais tu n'es pas drôle, mon pauvre Jean-François. »

**M. :** Il lâche un baccalauréat en actuariat pour faire de l'humour.

**J.F. :** Je ne l'ai pas lâché, je l'ai terminé. Il y a une grosse différence. Si j'avais eu plus de courage, je l'aurais lâché.

**M. :** Quand j'ai vu ses premiers spectacles d'humour, j'ai aimé ça. Il y avait un juge, qui était à côté de moi, qui a dit : « Il est bon, mais il n'ira pas loin, il est trop vulgaire. » Je me sentais toute croche. C'est mon fils quand même.

**J.F. :** Si tu savais le nombre de personnes qui m'ont dit que je n'irais pas loin… J'ai toujours travaillé beaucoup. C'est sûr que quand tu es aussi occupé, tu as moins de temps pour voir ta mère. C'est peut-être pour racheter mes absences que je la gâte. Je lui ai payé sa voiture. Aussi, je la fais participer à mon émission parce qu'elle aime ça. Si j'ai accepté de faire cette entrevue, c'est parce que ma mère en avait envie.

**Qu'est-ce que tu aimes le plus de ta mère ?**

**M. :** J'espère que tu auras pas besoin de chercher trop longtemps.

**J.F. :** Ses cornichons. L'autre fois, elle m'a fait un pot.

**M. :** Je n'ai pas eu de remerciements. Je ne savais pas si tu les avais mangés.

**Qu'est-ce qui vous rend le plus fier de votre fils ?**

**M. :** Je suis contente de ce qu'il fait. Il a l'air heureux.

**J.F. :** J'aimerais répondre à cette question. Ma mère, elle ne l'a pas eu si facile et on ne s'en est jamais aperçus. Elle a toujours gardé ses soucis pour elle. Le travail et le don de soi ne lui ont jamais fait défaut. Elle était famille d'accueil pour les déficients. Ce n'est pas à la portée de tout le monde. C'est vingt-quatre heures sur vingt-quatre. C'est : « Monique, viens essuyer mes fesses. » Ceux qui se retrouvent en famille d'accueil, c'est souvent parce que les parents ne peuvent pas s'en occuper. Moi, dans mon travail, il y a des gens qui m'applaudissent chaque soir. Pas elle. J'aimerais ça lui dire « chapeau » pour tout ce qu'elle a fait.

*Je suis soulagée, émue et surprise par ce vibrant hommage inattendu, qui arrive en toute fin d'entrevue. Jean-François et Monique se rapprochent pour prendre la photo. Je sens alors toute la tendresse qui les unit.*

# Marie-Josée Lord

## L'enfant choisie

Le lien de filiation s'établit parfois au-delà de l'ADN, de la culture, de la géographie et de la langue. Choisir un enfant pour en faire le sien, accepter de s'abandonner à de nouveaux bras peut être une expérience humaine aussi puissante que de donner naissance.

La rencontre entre Marie-Josée Lord et ses parents adoptifs aura modifié leur trajectoire de vie à tous. Jean-Luc Lord était en Haïti avec sa femme pour effectuer un stage en coopération internationale. Aucune intention d'adopter. Puis, il y a eu cette visite au centre de nutrition où la petite Marie-Josée, âgée de cinq ans, vivait. La légende veut que ce soit sa voix qui ait charmé le couple. La réalité, c'est qu'une véritable chimie a opéré entre la future soprano et ceux qui allaient devenir ses parents. Ils se sont choisis.

C'est autour d'un délicieux plat de boudin que j'ai rencontré Marie-Josée Lord. Gourmande, lumineuse, généreuse, à mille lieues du cliché de la diva, elle m'a raconté sa vie, ponctuant son récit de son rire magnifique.

**Entrevue**

**Tu as été adoptée à l'âge de cinq ans. Tes parents étaient en Haïti, mais ne songeaient pas du tout à adopter un enfant. Que faisaient-ils là-bas ?**

Mes parents sont professeurs. Ils étaient en Haïti pour faire un stage en coopération internationale. Ils faisaient le tour des orphelinats et des centres de nutrition. Mon père, étant très manuel, donnait aussi un coup de main pour réparer une maison, la pompe d'un puits... Mes parents ont toujours continué à faire de la coopération internationale. On est allés en Afrique avec eux. Quand on a visité une léproserie, mon père a fabriqué une marchette pour les enfants qui ne pouvaient pas marcher. Il est vraiment débrouillard.

**Pourquoi ont-ils finalement choisi d'adopter ?**

Ça, il faudrait leur demander pour connaître leur point de vue.

**Qu'est-ce qu'ils t'ont raconté ?**

Ils m'ont dit qu'en visitant mon centre, les enfants, dont moi, on les avait accueillis en chantant une petite chanson, comme on nous avait appris à faire pour les visiteurs. Ils ont peut-être eu un coup de cœur.

Ils m'ont raconté que pendant leur séjour, ils revenaient régulièrement au centre et demandaient la permission de m'emmener. Des fois, je passais la journée avec eux. On allait à la plage ou faire de la bicyclette. Je n'ai pas vraiment de souvenirs de ces moments. Peu de mois se sont écoulés entre leur départ d'Haïti et mon arrivée au Québec. Aujourd'hui, une adoption ne se passe plus comme la mienne. Aujourd'hui, ça peut prendre deux ans à un parent avant de recevoir son enfant. Mes parents sont retournés au Québec en juillet. Moi, je suis allée les trouver en septembre.

**As-tu un souvenir de ton arrivée ici ?**

De vagues images. Des souvenirs dans l'avion : je mangeais des pots de bébés, il y avait plusieurs enfants, certains me jouaient des tours comme cacher mes souliers. Je ne comprenais pas la langue, car je parlais créole, pas français. Je me souviens un peu du départ d'Haïti. On m'avait préparée. Mais je ne me souviens pas du moment de mon arrivée, je pense que ce devait être un trop gros choc... Partir d'un environnement déjà chaotique, se retrouver, du jour au lendemain, dans un autre pays, avec deux personnes que tu dois appeler papa-maman, ça demande

beaucoup d'énergie. Je pense que le corps met tellement d'efforts à s'adapter que l'esprit éclipse alors beaucoup de choses.

### Un de tes premiers souvenirs du Québec, c'est la neige.

C'était la première neige. Il était peut-être minuit. Mes parents m'ont réveillée, m'ont mis mon habit de neige orange et m'ont sortie. On était dans la rue, il y avait des lampadaires et ma mère me tenait dans ses bras et me parlait de la neige. Moi, je regardais les flocons qui tombaient et j'essayais de les attraper. Je n'avais jamais vu ça. C'était un moment très spécial.

### Comment vit-on le lien père-fille quand on est adoptée ?

Je pense qu'un enfant adopté est choisi. Il est désiré. Tu ne peux pas adopter par accident. L'enfant a été choisi, vu, approuvé. Le couple doit en discuter longtemps. Je crois que c'est un avantage, car le couple assume totalement la dimension de l'adoption. Je pense que le lien est aussi fort que si c'était un lien de sang. Quand mes parents m'ont adoptée, j'avais presque six ans. Donc de zéro à six ans, ils n'ont rien vu de moi. Ma mère ne m'a pas portée. Mais je pense qu'avec le temps, l'adoption procure une émotion aussi forte, mais sûrement différente.

### Tu as longtemps été fille unique. Puis, lorsque tu avais douze ans, tes parents ont eu deux garçons. Comment as-tu vécu la perte de ton statut ?

Je l'ai très mal pris. J'en ai longtemps voulu à mon plus vieux frère (rires). Je pense aussi que ça a été une prise de conscience pour moi. Jusque-là, j'acceptais d'être adoptée. C'était ma réalité. Je n'avais pas de photos de moi bébé avec mes parents. Là, je voyais un enfant qui aurait droit à toute une série de souvenirs : ses premiers pas, l'allaitement... Des moments qui n'avaient pas été répertoriés pour moi et dont personne ne pouvait me parler. J'étais jalouse. C'est le temps qui a réglé les choses. En vieillissant, tu réalises que tu es un enfant privilégié. Je n'ai manqué de rien. Mes parents ont été un instrument de la vie pour me donner une deuxième chance.

### Quelles traces l'adoption a-t-elle laissées chez toi ?

Je n'ai jamais fait de drame avec le fait d'être adoptée. Peut-être parce que mes parents ont comme mentalité de passer à travers les épreuves sans s'apitoyer. C'est seulement récemment que j'ai commencé à parler à des parents qui ont adopté des enfants pour leur poser des questions, simplement pour me situer et faire la paix avec certains aspects de mon passé. J'ai alors compris que certaines facettes de ma personnalité étaient liées à cette adoption. J'ai beaucoup de difficulté à m'attacher. Pour moi, de façon très consciente, je sais que si j'aime quelqu'un, ça veut dire qu'un jour, je vais le perdre. Ça crée un pouvoir de détachement très rapide. Si c'est terminé avec quelqu'un, c'est terminé. En même temps, si je sens que quelqu'un a trop d'emprise sur moi, j'ai peur. Pourtant, on cherche une sécurité, mais c'est comme si on ne voulait absolument pas être dépendante. Il y a un côté de toi qui a besoin d'affection et l'autre, qui est toujours prêt à fuir à une vitesse incroyable. Je pense que c'est un automatisme de défense qui s'installe chez l'enfant adopté, sinon, il devient fou.

**Comment était le lien avec ton père adoptif dans ton enfance ?**
J'ai eu un père extrêmement présent, autant pour moi que pour mes frères. J'ai grandi dans une famille idéale. Les deux étaient pédagogues, l'accent était mis sur l'apprentissage, le développement. Ils ont toujours fait beaucoup pour éveiller les enfants qu'on était. Le côté académique était important pour eux : ils surveillaient mes bulletins, je n'ai jamais fait mes devoirs seule. Mon père était très présent dans mes activités. Il allait me reconduire à mes cours de violon, de piano, de karaté.

**Tu as ensuite abandonné le violon et le piano, alors que tu étais rendue assez loin dans tes études. Comment ton père a-t-il réagi ?**
Je ne sentais jamais les réactions de mon père, c'était ma mère qui réagissait. Elle, elle n'était pas très heureuse. Pour ce qui est de mon père, il faudrait lui demander.

**Sur quel sujet ton père s'exprimait-il ?**
Mon père, c'est celui qui essayait de me faire comprendre la vie. Il a longtemps été une source de réconfort. Il était très calme. Il parlait peu, mais quand il le faisait, tu avais intérêt à écouter. Quand j'ai choisi d'abandonner les instruments pour le chant, je ne l'ai pas beaucoup entendu, mais je l'ai senti méfiant.

**Pourtant, à vingt-huit ans, alors que tu n'avais pas encore terminé tes études en chant, c'est lui qui t'a rassurée. Comment s'y est-il pris ?**

Il me restait une année d'étude. Je voyais mes amies de mon âge avec des professions, des enfants, des maris. Moi, j'avais l'impression de n'avoir encore rien accompli. J'étais allée voir mes parents, complètement déboussolée, en pleurant. Là, mon père s'est assis avec moi et a refait tout mon cheminement. Il a repris une à une toutes les décisions que j'avais prises et il me posait la question : « Es-tu contente de cette décision-là ? En aurais-tu pris une autre ? » Je répondais : « Non. » Il m'a alors dit de cesser de me comparer, car ce que je voulais ne correspondait pas à ce que mes amies voulaient. Il m'a permis de réaliser que les choix que j'avais faits me rapprochaient de ce que je souhaitais dans la vie. Je me suis calmée. Je trouvais fantastique que mon père ait vu ma détresse, qu'il l'ait comprise.

**À quel moment as-tu senti que ton père était le plus fier de toi ?**

Peut-être quand il a commencé à me voir sur scène. Peut-être quand j'ai chanté Starmania. Une fois, ma mère m'a dit que mon père aimait montrer les articles de journaux qui parlaient de sa fille.

**Toi, qu'admires-tu de ton père ?**

Je trouve vraiment que c'est l'homme idéal. Il est présent, très travaillant. Pour moi, c'est important un gars vaillant. Aucun plombier n'est jamais venu chez nous parce que c'était mon père qui réparait tout. Pour mon père, il faut rapidement sortir de son marasme. Il faut savoir se débrouiller. Il a une histoire incroyable ! Il n'était pas

bon du tout en mathématiques et en chimie. Il coulait même ses examens. Un jour, il a décidé qu'il ne voulait plus échouer. Il est devenu professeur de mathématiques et de sciences physiques au secondaire ! Pour lui, quand on a un problème, il faut lui faire face.

# qu'il l'ait comprise.

### Est-ce que tu veux des enfants ?

Oui, un jour, peut-être (rires). On s'entend que si j'en avais vraiment voulu, j'en aurais déjà. J'en veux, mais pas à tout prix. Je suis vraiment dans une période de questionnement. Je me demande ce que je suis prête à sacrifier pour avoir des enfants. C'est une grande décision que d'avoir un enfant.

### Est-ce que tu en adopterais ?

(Silence.) J'y pense. Mes parents ont retrouvé mon frère biologique. Il a quatre enfants. Je n'adopterais pas les enfants d'un autre, mais peut-être ceux de mon frère pour leur offrir un avenir. En même temps, je me demande si, avec ma profession, c'est sage d'adopter un enfant. Les premières années d'adoption sont cruciales pour un enfant. Il faut être présent et offrir un cadre stable.

### Est-ce que tes parents ont retrouvé ton frère de leur propre chef ?

Oui. Ça a été leur surprise pour 2007. Ils sont allés en Haïti et ils l'ont retrouvé. Ce sont vraiment des parents parfaits (rires).

### Est-ce que c'est le plus beau cadeau qu'ils t'ont fait ?

C'est un cadeau, qui implique une part de responsabilités. Je pense que c'est un très grand signe d'amour de la part de mes parents d'avoir fait ces démarches. Depuis quelques années, j'ai commencé à poser des questions sur mon enfance. C'est étrange, car toute ma jeunesse, je n'avais jamais rien demandé sur mon passé à mes parents. C'est en entrant dans la trentaine que j'ai commencé à vouloir savoir. Ils ont donc décidé de retrouver mon frère. La situation est toutefois complexe. Mon père a eu trois femmes. Il a eu trois enfants avec ma mère. De cette famille, il ne reste que mon frère, le plus vieux, et moi, la plus jeune. Mais en retraçant mon frère, j'ai retrouvé environ

quinze demi-frères et sœurs. J'ai envie d'aider mon frère, mais je ne peux pas soutenir tout un village. Je ressens une culpabilité. Je ne comprends pas pourquoi c'est moi qui ai eu cette chance-là. C'est difficile de voir concrètement ce que je peux faire pour l'aider. Je me sens impuissante. Lui non plus ne saisit pas ma réalité. Que je chante, ça ne veut absolument rien dire pour lui. Comme c'est mon grand frère, la hiérarchie demeure et il me donne des conseils. Il ne comprend pas que je puisse vivre seule. Il pense que c'est dangereux pour une femme. Mon frère vit ce que je vivrais si je ne n'avais pas été adoptée. Moi, ma réalité existe dans un monde parallèle, presque surnaturel pour lui.

## Entrevue avec Jean-Luc Lord

*En quittant Marie-Josée Lord, elle m'a laissé le numéro de téléphone de son père. Lui saurait remplir les quelques trous de son histoire.*

**Vous ne pensiez pas adopter d'enfant lors de votre séjour en Haïti. Qu'est-ce qui vous a fait changer d'avis ?**
Nous avons rencontré Marie-Josée dans un centre de nutrition. C'était une enfant active avec qui il était facile d'entrer en contact. Le cœur a pris plus de place que la raison. La petite avait une telle bonhomie, une telle aisance. Je faisais des tours de vélo avec elle dans Port-au-Prince. Elle s'assoyait sur la barre de la bicyclette et m'expliquait des choses, mais je ne comprenais pas toujours, car elle ne parlait pas français.

**Que vous rappelez-vous de son arrivée au Québec ?**

Elle est arrivée le 29 septembre. Elle était sous le choc de la modernité. Elle était subjuguée par tout ce qui lui était inconnu. Quand elle nous a revus au Québec, je ne peux pas dire qu'elle nous ait reconnus automatiquement.

**Comment se tisse le lien père-fille quand on adopte ?**

La mère biologique de Marie-Josée est morte peu de temps après sa naissance, mais son père était toujours en vie quand nous avons entrepris les démarches d'adoption. Nous avions besoin de son autorisation pour pouvoir adopter sa fille, donc nous l'avons rencontré. À ce moment-là, je suis devenu plus conscient de l'importance du lien que j'étais en train de tisser avec Marie-Josée. En passant à travers toutes les démarches, en remplissant les papiers, on sent le rapport qui se construit. À son arrivée au Québec, le lien s'est tissé tout naturellement.

**Comment avez-vous réagi quand elle a décidé d'abandonner le piano pour se diriger vers le chant ?**

Je l'ai accepté, car c'était sa décision. Marie-Josée n'est pas solitaire. Or le piano et le violon exigent une solitude. Quand elle a choisi le chant, je la voyais très bien suivre cette voie.

**Qu'est-ce qui vous rend le plus fier de votre fille ?**

Qu'elle s'assume comme personne de couleur avec tous les écueils que peut susciter cette différence. J'admire son côté artistique. Sa façon de rester près des gens. Elle est très présente pour tous les humains qu'elle rencontre. De voir quelqu'un qu'on a pris au hasard dans un parcours de couple prendre sa place dans la société, c'est toute une fierté. Marie-Josée a su fleurir là où elle a été semée.

# Marianne et Pierre Verville

## Quelque chose comme le bonheur

Les Verville m'ont reçu chez eux, dans leur intimité. Une maison douillette, confortable et accueillante, à l'image de leur relation. Leur histoire est celle d'une famille heureuse. Marianne et Pierre ont un rapport père-fille dans ce qu'il peut y avoir de plus pur, de plus simple et de plus lumineux. Une grande tendresse teintée d'humour et de légèreté qui n'évacuent pas toute la profondeur et l'intensité du lien qui les unit. Le type de relation que tout père rêve d'avoir avec sa fille adolescente.

Leur rôle respectif est net. Pierre est le père, Marianne est la fille. Cette autorité normale n'est pas une source de révolte ou de crainte. Au contraire, c'est un cadre qui permet à la jeune actrice de s'épanouir et d'établir son autonomie.

Pierre a toujours été présent, sans être envahissant. Il est soucieux de préserver l'intimité et l'identité propre de sa fille. Aussi, en principe, les deux n'accordent pas d'entrevue ensemble. Ils ont donc réfléchi longuement avant d'accepter ma proposition. Ils se sont finalement révélés sans filtre et sans prétention, avec un naturel bon enfant.

# Entrevue

**Pierre, quels sont tes premiers souvenirs de Marianne ?**

**P.** : J'étais étonné du nombre de cheveux qu'elle avait sur la tête. Elle est née avec beaucoup de cheveux ! (rires) Ça, c'est ce dont je me souviens de sa naissance. Si on parle des premiers mois de sa vie, je sentais déjà quelque chose de spécial. Pendant que je lui donnais ses cuillérées de Pablum, je lui montrais n'importe quelle grimace et elle la faisait ! Ma femme me disait : « Arrête de lui faire faire ça ! » Je trouvais qu'elle avait une petite face coquine. Elle avait des billes à la place des yeux. Il n'y avait pratiquement pas de blanc ! On aurait dit des yeux de poupée russe.

**M.** : Franchement, je ne me rappelle même pas qu'il m'ait appris à faire tout ça ! L'autre fois, dans l'auto, il me faisait les grimaces qu'il me montrait quand j'étais petite et puis je les faisais avec lui. Il m'a dit : « Tu les connais toutes ? Je te les ai toutes apprises ?! » Il n'a plus rien à m'apprendre… en termes de grimaces, bien sûr ! (rires) Alors, il doit en chercher d'autres !

**Est-ce que vous vous donnez des surnoms ?**

**P. :** C'était quoi ton surnom quand tu étais petite? Attends un peu… Il y a eu Mayounne !

**M. :** C'est parce que j'aimais beaucoup la mayonnaise J'aime encore ça, mais moins que quand j'étais petite ! (rires)

**P. :** Oui On ne l'appelle plus comme ça !

**M. :** Moi, j'appelle mon père Papou.

**Marianne, quel genre de père était Pierre quand tu étais jeune ?**

**P. :** Veux-tu que je m'en aille ? (rires)

**M. :** Il me battait, c'était l'enfer ! (rires) Non, il me disait tout le temps : « Tu ne pourras pas dire que tu as été mal traitée ! » Mon père répète souvent qu'on est chanceux. On est une famille chanceuse, il y a plein de belles choses qui s'offrent à nous. Mon père le dit tout le temps, plus d'une fois par jour. Parfois, c'est trois, quatre, cinq fois ! Et je pense que c'est important. La pensée positive fait partie de ma vie depuis que je suis toute petite.

**Avant d'être père, avais-tu réfléchi à ce que tu voulais transmettre à tes enfants ?**

**P. :** Ça ne me tentait pas vraiment d'avoir des enfants. Johanne a trois ans de plus. Elle était prête avant moi. Je lui ai dit : « Tu vas devoir te trouver un autre gars ! » On a tout de même continué à se fréquenter. Puis, à vingt-huit ans, qui est à mon avis un âge spécial, car on

doit prendre des décisions importantes, je me suis senti prêt. Je me suis mis à travailler davantage parce que je voulais que mes enfants soient fiers, qu'ils aient un bon exemple. Avant, comme je n'ai pas beaucoup de discipline, je n'étais pas ambitieux. Je travaillais par passion, mais quand j'avais assez d'argent pour vivre, j'arrêtais. Aujourd'hui, je veux aller au bout des choses. C'est important que nos enfants voient que nous ne sommes pas morts, que nous n'abandonnons pas au premier obstacle, que nous continuons d'évoluer.

**Marianne, est-ce que ton père était sévère ?**

**M. :** Non, mais quand je voulais dormir chez une amie, par exemple, j'appelais ma mère ! (rires) Je demandais à ma mère en premier et ensuite je disais à mon père : « Maman a dit que c'était correct ! »

**P. :** Je suis plus strict sur l'école.

**M. :** Oui, c'est vrai, l'école ! Parfois, il me demande très sérieusement : « Tu vas t'améliorer la prochaine fois ? » Je n'ai pas de mauvaises notes, mais il sait que je suis capable de me forcer plus.

**De quelle façon te chicanait-il ?**

**M. :** Mes deux parents me disaient d'aller dans ma chambre. Maintenant, ça ne fonctionne plus ! (rires) Il y a un an, ils ont essayé le « va dans ta chambre » ! J'ai répondu « Tu es sûr ? OK… » J'avais mon cellulaire, je parlais au téléphone et j'étais sur l'ordi !

**P. :** C'est raté !

**M. :** Oui, exact ! J'avais bien du plaisir !

### Pierre, comment te décrirais-tu en tant que père ?

**P. :** Je vais me donner une qualité au moins : j'étais présent !

**M. :** Je peux le confirmer !

**P. :** J'ai pris la bonne décision de ne pas faire de tournée. À la radio, le grand avantage, c'est que je pouvais tout faire de la maison. J'envoyais les capsules à partir d'ici et ça me permettait d'être avec mes enfants jusqu'à ce qu'ils se couchent. Je le vois maintenant que ça paye : nous avons un très bon rapport. Récemment, on est sorti. Juste nous deux. On est allé manger au restaurant puis je me suis dit : « Mon Dieu, qu'on est chanceux. »

**M. :** Et voilà, qu'est-ce que je disais : « On est chanceux. »

**P. :** Pour moi, c'est un cadeau extraordinaire de parler et de faire des activités ensemble.

### Quels sont les sujets de vos plus belles discussions ?

**P. :** L'autre jour on parlait des relations. Le fait que sa mère et moi soyons ensemble depuis longtemps, c'est spécial ! Elle me demandait comment on faisait. Je lui ai expliqué que ce n'était pas toujours facile, mais que ça valait la peine de mettre de l'énergie pour que ça fonctionne.

**M. :** Quand je vois mes parents qui sont ensemble depuis tellement longtemps et qui s'aiment encore si fort, je me demande : « Comment est-ce possible ? » Mes grands-parents ont célébré leur cinquantième anniversaire de mariage. Je trouve ça tellement mignon ! Je regardais des photos de leur jeunesse avec eux et ils ne sont même pas tristes ! Moi, je serais nostalgique du temps où on était jeunes. Eux, ils me disaient : « Ah ! Ça, c'était notre voyage de noces ! On avait eu du fun ! » Et ils en ont encore, du plaisir ! Je ne comprends pas comment les gens font ! Un jour, je comprendrai…

**P. :** Les grands-parents habitent juste à côté. Ça nous a permis, Johanne et moi, de partir ensemble et de prendre du temps juste pour nous deux. Ils ont été très présents pour les enfants. Je me souviens, un moment donné, j'étais avec Marianne et on discutait ferme. Ça ne se passait pas très bien. Alors, elle m'a dit : « Je m'en vais ! » Elle est partie chez sa grand-mère ! (rires)

**M. :** Je fugue ! Je m'en vais à deux coins de rue ! (rires)

# « Je sais depuis qu'elle est toute petite qu'elle veut faire ce métier. »

**Si tu veux faire fondre ton papa, as-tu un truc ?**

**M.** : (rires)

**P.** : Elle en a quelques-uns ! (rires)

**M.** : Moi, j'ai des trucs ?!

**P.** : Oui ! Qu'est-ce que tu m'as demandé hier encore ? Tu t'es approché, tu m'as donné un bec, puis tu as dit : « Papa, ferais-tu ça, s'il te plaît ? »

**M.** : Oui ! (rires) Mais ce sont pour de petites choses ! « Irais-tu me chercher un bol de céréales, s'il te plaît, Papou ? »

**P.** : Oui  Quand elle m'écrit des lettres pour ma fête, elle sait comment venir me chercher !

**Qu'est-ce qu'elle t'écrit ?**

**P.** : Qu'elle est contente de ce que je lui ai donné, en termes de conseils et de présence. Que si elle a confiance en elle, c'est grâce à celle que je lui ai donnée. Pour moi, ce qui est important, c'est que les enfants soient indépendants, qu'ils aient leur propre personnalité, qu'ils ne se fassent pas influencer par les autres. Si tu as un rêve, il n'en tient qu'à toi ! Les autres n'ont rien à voir là-dedans. Il faut que tu développes une force, une carapace, sinon tu peux te faire rentrer dedans.

**Comment ton père s'y prend-il pour te faire plaisir ?**

**M.** : Des choses toutes simples. Quand il me fait mon déjeuner. Quand on joue au Rummy. Ce ne sont pas tellement les objets qui me font le plus plaisir. Je ne vais jamais le supplier pour qu'il m'achète quelque chose !

**P.** : Tu voulais avoir un chat vivant !

**M.** : Un bébé chat vivant ! (rires)

**P.** : Quand elle était petite, elle nous écrivait « Je veux un chat », mais on ne lui achetait pas…

**M.** : On en avait eu une, Plume. Elle allait avoir un an, puis elle s'est fait frapper ! Moi, j'en voulais un autre bébé chat ! Ils m'ont acheté un toutou ! Je me suis dit que je n'allais pas me faire avoir l'année suivante. Alors, j'ai écrit : « Un bébé chat vivant ! » (rires) Je l'ai eu.

**Pierre, est-ce que tes talents d'humoriste t'ont servi dans ton rôle de père ?**

**P.** : Oui, quand je lisais des histoires.

**M.** : Oui ! C'était vraiment le fun. Il s'assoyait à côté de moi le soir. Il me lisait une BD en faisant les voix ! Je pouvais m'imaginer des personnages et ça m'aidait à m'endormir.

**Marianne, comment as-tu vécu la célébrité de ton père ?**

**M.** : À l'école, mes amies ne le connaissaient pas vraiment puisqu'il a un public plus âgé. Je ne me faisais pas dire : « Oh mon Dieu ! Tu es la fille de Pierre Verville ! » C'était plutôt : « Tu es la fille de qui ? » (rires) Parfois, les gens dans la rue le reconnaissent. Mais le public de mon père est très respectueux et plutôt discret. Quand quelqu'un vient lui parler, je suis contente et très fière !

**Marianne est maintenant, elle aussi, comédienne. Est-ce que tu t'es aperçu rapidement qu'elle suivrait tes traces ?**

**P.** : Je sais depuis qu'elle est toute petite qu'elle veut faire ce métier, mais c'est son chemin à elle. Toutefois, il y a un moment où je me suis revu en elle. Elle participait

à un concours à l'école. Elle s'était déguisée en Sol.

**M.** : Ce n'était pas un concours, c'était un exposé oral en secondaire 2. On faisait une recherche sur un personnage dans le cours d'histoire. Puis, dans le cours de français, on présentait notre travail en incarnant notre sujet. Moi, j'avais choisi Sol.

**P.** : Ce qui était étonnant, c'est que tu aies choisi ce personnage, car moi, exactement au même âge, j'imitais Sol ! Pour son exposé, Marianne a donc utilisé mon ancien costume de Sol que ma mère avait fait pour moi. C'est devenu le sien.

**On a pu voir les talents de Marianne pour imiter Sol dans une publicité que vous avez tournée ensemble. Pourquoi avoir accepté de tourner cette pub ?**

**P.** : On m'a appelé pour que je fasse une publicité avec un de mes proches. J'étais sur le point de refuser sans en avoir parlé à Marianne. Je trouvais que c'était trop gros et j'avais peur que ça bouleverse sa vie. C'est ma belle-mère qui m'a dit : « Parle-lui en. Sinon, elle va t'en vouloir ! » Quand j'ai demandé à Marianne, elle a accepté tout de suite. Je ne savais pas si elle était capable de

ça lui a donné un coup de pouce. Au hockey, on appelle ça « une passe sur la palette ». Si ça avait été ordinaire, ça aurait été un beau projet, sans plus. Mais ça a été un tournant, je suis sûr de ça.

80 **Marianne, quand tu étais jeune, tu aidais ton père à réviser ses textes. Est-ce qu'il te rend la pareille ?**

**P.** : Pour l'audition d'Aurélie Laflamme, on a travaillé ensemble. C'est une façon de parler parce qu'elle avait tout appris. Je l'ai juste fait réviser. Après ça, je ne t'ai plus vraiment aidé.

**M.** : On a fait la même chose que pour ton audition des Lavigueur…

**P.** : Oui, c'est vrai !

**M.** : Pour son audition, on l'avait enregistré. Je lui donnais la réplique et puis on filmait pour qu'il puisse regarder. Même chose pour mon audition !

**Marianne, est-ce que tu lui fais des commentaires ?**

**M.** : Pas du tout. Parce que, pour moi, mon père est un grand acteur ! Je ne le corrigerais pas dans son jeu, c'est lui qui devrait le faire pour moi ! En fait, les seules remarques que je lui fais, c'est quand il se trompe dans le texte.

**P.** : Par contre, quand j'ai des décisions à prendre pour ma carrière, je lui en parle ! « Qu'est-ce tu en penses si je fais ça ? » Parfois, il y a des rôles ou des numéros que j'ai envie de faire, mais je me demande si je ne suis pas trop vieux, si c'est fait pour moi. On en discute beaucoup.

**Marianne, à quel moment as-tu été la plus fière de ton père ?**

**M.** : Il y en a plusieurs ! Je suis vraiment fière de sa performance dans Les Lavigueur. J'étais fière qu'il remporte un Gémeaux. Quand je l'ai vu monter sur scène, j'étais très émue. Je ne l'avais jamais vu gagner de prix. Je pouvais voir qu'il était très content, lui aussi.

**P.** : Tu étais chez tes grands-parents. Ta grand-mère m'a dit que tu marchais de long en large, que tu étais stressée, que tu avais hâte de savoir !

**M.** : Oui, j'avais hâte ! Déjà que tu sois en nomination, c'était gros pour moi ! Que tu gagnes, c'était encore mieux ! C'était la preuve que tu avais touché des gens et puis qu'ils étaient passés par-dessus le fait que tu ne sois pas un comédien de métier. Mon père est humoriste, mais c'est aussi un très bon comédien.

**Et toi, Pierre, à quel moment as-tu été le plus fier de ta fille ?**

**P.** : C'est l'année où elle a réussi à poursuivre ses études en même temps qu'elle tournait le film Aurélie Laflamme. Elle le faisait avec sérieux, avec aplomb. Je voyais qu'elle gardait les pieds sur terre. Quand j'allais sur le plateau, je ne restais pas longtemps, car elle me disait que tout allait bien. Si bien que, quand le film est sorti, je n'avais pratiquement rien vu. J'ai été surpris de voir qu'elle était dans presque toutes les scènes !

**À quel moment as-tu senti que Marianne était devenue une femme ?**

**P.** : C'est sûr qu'à partir du moment où tu vois ta fille s'intéresser aux garçons…

**M.** : Mais tu ne le voyais pas avant, c'est tout ! (rires) Lui, il croit que ça a commencé seulement l'été dernier !

**Marianne, en plus d'être la seule fille de Pierre, tu es la plus jeune de la famille. Selon toi, est-ce que ça a un impact sur votre relation ?**

**M.** : Mon frère, c'est un gars, c'est le premier. Moi, je suis « la petite fille ». Le soir, il a peur de ce qui pourrait m'arriver ! Maintenant que j'ai un cellulaire, il m'appelle trois fois par soir ! Puis, il a découvert qu'il pouvait me texter. (rires)

**P.** : Quand ils reviennent en transport en commun, seuls, à treize ou quatorze ans, ça fait peur ! Laurent, mon fils, il est grand, costaud et c'est un gars. Elle, c'est une fille et elle est petite. Si elle s'en vient en métro et qu'il est 23 h 30, minuit, je n'aime pas ça !

**M.** : Mais je ne m'en venais pas à cette heure-là à quatorze ans !

**P.** : Non, mais maintenant tu le fais et…

**M.** : Et j'ai seize ans !

**Quand on devient un jeune adulte, souvent, on se détache de ses parents. Vivez-vous encore des moments magiques ensemble ?**

**M.** : Une fois, pour la fête à mon père, je suis allée faire le gâteau chez mes grands-parents. Mon grand-père a acheté les ingrédients, ma grand-mère et moi l'avons cuisiné ensemble. La blonde de mon frère a préparé l'entrée, ma mère s'est occupée du repas. On a tout fait en famille ! Une fois que tout était terminé, j'ai dit : « Est-ce que ça vous tente d'aller voir *Histoire de Jouets 3* ? »

**P.** : On est parti à rire et puis on a dit : « OK ! On y va ! »

**M.** : C'était vraiment une journée familiale. Aller au cinéma avec toute ma famille, je ne fais plus ça. Maintenant, j'y vais avec mes amis. Mais ça prend des moments comme celui-là, où tu consacres du temps à ta famille. C'est quand même eux qui vont venir m'aider en premier si j'ai des problèmes ! Les amis, ça se perd ! Ma famille va rester.

# Patricia Paquin

## Une mère comme tant d'autres

Avoir un fils souffrant d'un trouble envahissant du
développement. Devenir mère pour une deuxième fois
à quarante et un ans. Former une famille recomposée.
Il y a tant de sujets de conversations intéressants, touchants
et profonds à aborder avec Patricia Paquin. Elle dit que c'est
sa naïveté qui l'aide à vivre son bonheur sans trop se poser
de questions. Moi, je crois plutôt que c'est son ouverture
d'esprit et sa sagesse.

La pétillante animatrice ne perd pas son temps à s'imaginer
une autre réalité. Elle prend la sienne à bras le corps, avec le
sourire. Elle fonce et plonge dans l'action pour offrir le meilleur
d'elle-même à ses deux garçons.

Benjamin, dont le père est l'humoriste Mathieu Gratton, est
un garçon comme tant d'autres qui souffre d'un trouble dans
la lignée de l'autisme. Ses parents, bien qu'ils soient séparés,
coopèrent pour le stimuler.

Gabriel, qu'elle a eu avec son amoureux Louis-François
Marcotte, qui tenait tant à devenir père, vient compléter
son bonheur.

**Entrevue**

**Ton fils Benjamin a un trouble
envahissant du développement.
Tu en parles ouvertement depuis
plusieurs années. Pourquoi as-tu choisi
de rendre public l'état de ton fils ?**

Avant que le public soit au courant, les
gens nous arrêtaient dans la rue, mon fils
et moi, pour nous parler et nous poser des
questions. Benjamin, qui avait environ
quatre ans, ne répondait pas. Ça créait
toujours des moments de malaise. Ça ne
me dérangeait pas de leur expliquer, mais
je voyais que ça les rendait mal à l'aise,
donc parfois, au lieu de tout raconter, je
disais qu'il avait eu une grosse journée.
Je n'aime pas ne pas dire la vérité.
C'était la même chose pour son père.
On a donc décidé d'en parler. De cette
façon, les gens seraient conscients et
l'aideraient au lieu de le juger. D'autre part,
on se disait que si ça pouvait aider des
gens qui vivent une situation semblable,
tant mieux ! Et, effectivement, plusieurs
personnes, pour expliquer ce que vit leur
enfant, disent : « Tu sais, c'est comme le
fils de Patricia Paquin. » C'est plus simple
que de dire : « Il souffre d'un trouble
envahissant du développement dans
la lignée de l'autisme. »

**Pourquoi alors avoir attendu quelques
années avant d'en parler ?**

Il y a des choses qu'il faut vivre, qu'il
faut installer, avant d'en parler. Ça n'a
jamais été pour le cacher, car j'en parlais
ouvertement aux gens qui m'abordaient.

**Quand as-tu senti qu'il était différent ?**

Mes deux sœurs, Caroline et Dominique,
et moi sommes tombées enceintes
presque en même temps. Nos enfants
ont sensiblement le même âge. Ce qui
fait que j'avais des repères. Quand les
deux filles de mes sœurs jouaient avec mon
fils, ça devenait évident. En même temps,
je n'avais pas de certitude, car c'était mon
premier. C'est notre gardienne, qui était
très expérimentée, qui a sonné l'alarme.
Elle trouvait qu'il avait quelque chose de
différent dans le regard. Moi, j'étais plus
sensible à ses niveaux d'apprentissage.
Les enfants, quand ils veulent quelque
chose, ils font des gestes pour
communiquer. Pas mon fils. Il n'avait
jamais de demandes. Il pleurait
rarement. Puis, comme j'étais impliquée
avec Opération Enfant Soleil, je voyais
des enfants qui avaient des troubles
envahissants du développement.

**Tu n'as donc pas vécu une période de déni ?**

Non. Ni son papa d'ailleurs. Les deux, on en était très conscients. À son rendez-vous de douze mois chez le pédiatre, on lui a parlé de nos doutes. Dès le départ, le docteur Pierre-Jacques Ricot a prononcé le mot « autiste ». Il nous a dit de mettre Benjamin en contact avec d'autres enfants et de l'observer attentivement pendant trois mois. On l'a inscrit dans une garderie quelques mois, juste pour avoir l'avis des éducateurs. C'est difficile d'avoir une place en garderie, mais ils ont accepté de le prendre juste pour pouvoir l'observer et nous aider à le diagnostiquer rapidement. Tout le monde autour de cet enfant-là s'est mis en mode action. À Sainte-Justine, l'équipe multidisciplinaire a noté : « Trouble envahissant du développement dans la lignée de l'autisme ». Ce beau papier avec cette étampe allait nous permettre d'aller chercher plein de services.

**Comment t'es-tu sentie quand tu as reçu le diagnostic ?**

J'étais vraiment en mode action. Et en même temps, mon fils, c'est une petite fleur. Plusieurs enfants dans le même état que lui n'acceptent pas d'être touchés. Lui, il est très affectueux. Plusieurs d'entre eux pratiquent l'automutilation. Lui, il n'en faisait pas. Il reste un petit garçon comme les autres. Donc, pour nous, ce n'était pas une catastrophe dans le sens où son petit cœur battait, tout allait bien, sa vie n'était pas en danger.

**Dans ces circonstances, de quelle façon ton rôle de mère s'est-il transformé ?**

On devient un genre de gérante ou de secrétaire d'un premier ministre. On doit gérer un horaire chargé : le reconduire à des cours, revenir, faire la sieste, manger, un autre cours, revenir vite, car quelqu'un vient à la maison. Il avait tout le temps de la stimulation. Je me rappelle, tout ce qu'on faisait, c'était de l'amener du point A au point B.

**J'imagine que vous devez aussi beaucoup vous impliquer dans son développement.**

Son père et moi, nous profitons de toutes les occasions pour le stimuler. Son père a organisé une petite salle d'ergothérapie dans sa maison. Chez moi, tout est très ludique. On fait les apprentissages sous forme de jeux. Pour qu'il apprenne à reconnaître les membres de ma famille, j'ai pris des photos de chacun que j'ai fait plastifier. J'ai mis des aimants et je les ai collées sur le réfrigérateur. Quand j'étais bien fatiguée, je me couchais sur le sofa et je lui disais : « Amène-moi oncle Patrice. » Il revenait avec sa cousine. « Non ! Patrice c'est un homme, un garçon ! » Là, il revenait avec Papitou, son grand-père. Imagines-tu tout ce qu'il a appris ? Encore ce matin, j'allais le conduire à l'école, et il m'a dit : « Demain, c'est papa qui va venir me chercher ? » « Non, pas demain, tantôt. » Ce n'est pas tragique de vivre avec un enfant qui ne comprend pas ça. Un jour, il va tout comprendre et il va vivre une vie relativement normale. Mais quel apprentissage ! Pour lui, tout est 300 fois plus long. Aujourd'hui, il va dans une école régulière qui a une classe TED. Ils sont sept dans sa classe, et chacun va à son rythme. Mon fils est bon en lecture, dans la moyenne en calcul et il a beaucoup de difficulté à écrire, car tout ce qui nécessite de la motricité, c'est complexe pour lui. Or, tenir un crayon en exige beaucoup.

**As-tu dû modifier certains traits de ta personnalité pour vivre sereinement le trouble de ton fils ?**
Comme c'est mon premier enfant, je ne sais pas si c'est grâce à ça, mais j'ai vite appris à ne pas comparer mon fils aux autres. J'espère que je vais garder cet esprit avec mon petit Gabriel. Benjamin, il va à son rythme. Je n'ai pas le choix, c'est comme ça.

**88** **Quel impact positif cette situation a-t-elle eu sur toi ?**

J'ai beaucoup grandi. Ça m'a permis d'être une meilleure personne. Je n'ai pas d'attentes, je vis au jour le jour, je suis disponible, je suis patiente. Juste pour ça, je sais que je suis privilégiée.

**Est-ce possible pour toi de penser au futur de Benjamin ?**

Il faut me connaître pour savoir que je ne pense jamais au futur. Ni pour moi, ni pour mon fils. Je vis plus dans le moment présent. Cela dit, je ne suis pas inquiète pour Benjamin. Il est heureux, il est bien entouré, les gens ont envie de l'aider. Son côté souriant, sa bonne humeur, ce sont des atouts pour lui. Et pour le futur, on trouvera quelque chose qui le passionnera. Comme ce sont des enfants qui aiment ce qui est un peu routinier et qui ont une bonne concentration, je suis certaine qu'il fera un excellent employé. Il aime les ordinateurs, ça peut être ça aussi. Je ne sais pas ce qu'il choisira de faire, mais je ne suis pas inquiète.

**Dans quelques années, il sera adolescent. C'est une période assez cruelle dans la vie d'un jeune. Est-ce que ça te fait peur pour lui ?**

Comme n'importe quel ado, il vivra les mêmes réalités, la sexualité, etc. Benjamin n'a pas encore le sentiment d'être différent. Ça va venir. Il va comprendre et il faudra lui expliquer.

# comparer mon fils aux autres.

**Plusieurs parents qui viennent d'apprendre que leur enfant a un trouble envahissant du développement doivent te demander conseil. Que leur dis-tu ?**

Mettez-vous en action pour avoir des services le plus rapidement possible. Parce que malheureusement, notre système fait en sorte qu'on est sur des listes d'attente, mais nos enfants sont de petites éponges, et il faut les stimuler le plus rapidement possible. Il ne faut pas se mettre des œillères et nier la situation. Souvent, la famille veut nous rassurer et nous convaincre que notre enfant n'a rien, mais si on a un doute, il faut consulter. Il ne faut pas attendre, car le temps presse…

**Récemment, Benjamin est devenu un grand frère. Comment ça se passe ?**

C'est tout un apprentissage pour lui de vivre avec un bébé. Ça lui change toute sa routine. Or, les enfants TED sont assez rigides dans leur quotidien. Benjamin n'est pas aussi rigide que d'autres qui ont besoin, par exemple, de toujours s'asseoir à la même place. Il a tout de même besoin de sa routine. L'arrivée d'un bébé le chamboule. Ça faisait neuf ans qu'il était seul. Mais, c'est tellement beau de le voir devenir un grand frère. Il lui montre des choses. C'est bon pour son estime.

**Es-tu attentive au développement de Gabriel ?**

Je ne sais pas comment le dire, mais c'est évident qu'il se développe normalement. Gabriel et Benjamin ont le même pédiatre et lui aussi le voit assez clairement. C'est juste que je trouve ça spécial. Je n'ai pas à tout lui montrer, c'est naturel. Comme deuxième enfant, ça sera d'une simplicité désarmante. En plus, Benjamin m'aide.

**Tu n'as pas pris plaisir à être enceinte. Pourquoi la grossesse est-elle une période que tu n'aimes pas ?**

Quand on est enceinte, notre corps ne nous appartient plus. Je n'aime pas me sentir fatiguée. J'étais tout le temps couchée sur le divan. C'était difficile pour moi, car habituellement, j'ai l'habitude d'être en action. Mais sinon, c'est du grand bonheur. Même la journée de l'accouchement a été une fête pour moi.

**Est-ce difficile de penser refaire sa vie quand on a un fils autiste et qu'on est célibataire ?**
Ma grande naïveté a encore joué en ma faveur. Je ne me posais pas trop de questions.
C'est maintenant que je réalise ma chance d'avoir rencontré un homme pour qui la famille est
aussi importante. Au début, Louis-François se faisait souvent poser la question : « Comment ça
se passe avec le fils de Patricia ? » Le sous-texte était : « Est-ce que c'est une bibitte rare ? »
Et Louis-François répondait : « C'est un petit garçon... » Je dois dire que mon fils, au quotidien,
n'a aucun problème. Il est très doux.

**Avant de rencontrer Louis-François Marcotte, tu ne voulais pas d'autre enfant.**
**Est-ce que ça a été facile de décider d'en avoir un deuxième finalement ?**
Si j'ai hésité, ce n'est pas à cause de Benjamin. Mathieu et moi, on savait que si on avait un
autre enfant, il y avait des risques que ça se reproduise. Mais le fait d'être avec un nouveau
conjoint, ça remet le compteur à zéro. J'avais autant de chances que n'importe qui d'avoir un
autre enfant autiste. Je suis tombée enceinte à quarante et un ans, c'est plus ça qui m'inquiétait.
L'élever, aucun problème. Le porter, c'était une autre histoire. Mais je ne le regrette pas. La seule
chose que je redoutais était d'être aussi patiente que lorsque j'étais plus jeune. Étonnamment,
on dirait que ma patience est encore plus grande qu'avant ! Ce n'est vraiment, vraiment que du
bonheur. Et si ce n'était pas des neuf mois, j'en referais un autre demain matin. Honnêtement !
Mais ça, il ne faut pas le dire à Louis-François. Parce que lui, il en veut !

**Qu'est-ce qui t'a convaincue d'avoir un deuxième enfant ?**
Pour être vraiment honnête, mon choix s'est fait par rapport à Louis-François. Il en voulait.
La question était : « Est-ce que je tiens assez à cette relation-là pour faire un autre enfant ? »
Si je n'avais pas accepté, il serait parti, parce que pour lui, c'était incontournable d'avoir des
enfants. Je l'ai fait par amour et avec amour.

# Georges-Hébert et Rafaële Germain

## Douce délinquance

Le journaliste et auteur Georges-Hébert Germain et Rafaële, son enfant unique, entretiennent une relation d'amitié. Ensemble, ils partagent un amour des mots, une adoration mutuelle et un léger penchant pour la dissidence. Leur bénigne anarchie les a conduits à maltraiter les contes classiques et à cultiver leur curiosité.

Comment passer du rôle de complice à celui de père ? Comment trouver un amoureux à la hauteur de ses espérances quand le premier homme de sa vie est aussi fabuleux ? Intéressée à trouver des réponses, je me suis rendue à la maison d'enfance de Rafaële, qu'habitent toujours Georges-Hébert et Francine Chaloult, l'énergique attachée de presse et mère de Rafaële. Dans l'ancienne chambre de la jeune femme, où nous sommes tous trois installés, trois décennies de souvenirs se mettent à prendre vie.

**Entrevue**

**En plus d'être accidentelle, la conception de Rafaële s'est produite après un accident d'auto.**

**G.-H. G.** : Oui. C'était l'hiver. Il y avait de grandes plaques de glace sur l'autoroute. Francine m'a dit : « Attention, c'est glissant ! » L'instant d'après, l'auto s'est mise à glisser et à passer par-dessus la rambarde en aluminium qui longeait l'autoroute. Et c'est le lendemain que, selon Francine, ayant échappé à la mort, nous avons créé la vie.

**Quelle a été votre réaction quand vous avez su que vous alliez être père ?**

**G.-H. G.** : Francine était en Tunisie avec une amie quand elle a découvert qu'elle était enceinte.

**R. G.** : Je ne connaissais pas l'anecdote tunisienne !

**G.-H. G.** : J'étais dans cette pièce-ci, assis sur le lit. Le téléphone a sonné. Il était peut-être minuit. Francine m'a annoncé la nouvelle. J'étais très content, mais je ne pensais pas qu'elle voudrait le garder. Elle avait déjà deux enfants d'une union précédente.

**R. G.** : Et un stérilet.

**G.-H. G.** : Moi, je ne pensais pas avoir d'enfant tout de suite. J'avais trente et un ans, mais, dans ma tête, j'en avais douze. Quand j'ai appris la nouvelle, j'ai eu un choc, mais j'étais excité à l'idée d'avoir un enfant. Quand Francine est revenue de voyage, je lui ai dit : « Écoute-moi, je comprends très bien que tu ne veuilles pas garder cet enfant-là. » Pour des raisons que j'ignore, Francine pensait que j'étais un bum qui menait une vie dissolue. Alors, avant de prendre sa décision, elle est allée consulter une psychologue qui l'a confessée. Elle a réalisé qu'on était bien ensemble et, finalement, elle a décidé de le garder.

**R. G.** : Et à ce jour, ma mère rouspète encore parce qu'il lui a dit : « Je vais respecter ta décision. » Elle aurait voulu qu'il lui dise quoi faire. Mais je crois qu'il aurait été battu physiquement s'il avait fallu qu'il donne une opinion…

**Quels sont vos premiers souvenirs de Rafaële ?**

**G.-H. G.** : Ça a pris plus de six mois avant de lui trouver un nom. Elle est née en décembre et on l'a fait baptiser en septembre. Comme il fallait lui donner un nom, on l'a enregistrée sous le nom de

Geneviève à la Ville. Et c'est pendant l'été, je ne sais pas comment c'est venu, j'ai dit : « Francine, il y a quelqu'un qui a prononcé le nom Rafaële. C'était son nom : Rafaële. Avec un F. »

**R. G.** : Coquetterie !

**G.-H. G.** : C'était une Rafaële, pas une Geneviève. C'était une enfant qui avait l'air bête.

**R. G.** : C'est vrai, il y a des photos pour le prouver.

**G.-H. G.** : Elle a fait son premier sourire à l'âge de dix ans.

**R. G.** : Ma mère, pleine de bonne volonté, m'organisait des fêtes d'anniversaire. Elle invitait mes amis et un clown. Quand on regarde la photo qui immortalise le moment, on voit plein d'enfants avec des chapeaux pointus qui ont du plaisir et moi, qui suis au premier plan, une baboune magistrale dans la face.

**Rafaële, quels sont les premiers souvenirs que tu as de ton père ?**

**R. G.** : J'ai toujours été folle de mon papa. Je regardais la télé avec lui, dans le même fauteuil. Je me souviens que j'avais en bande dessinée les livres de la Comtesse de Ségur. Dans un des contes, la morale est que la curiosité est un vilain défaut. Mon père m'avait dit : « Non, ce n'est pas vrai. » « Mais pourquoi c'est écrit dans mon livre ? » « Il ne faut pas croire ça. La curiosité, c'est quelque chose d'extraordinaire. » Cette leçon-là, je l'ai appliquée dans toute ma vie.

**G.-H. G.** : Fuck, la comtesse !

**R. G.** : Oui ! Je n'étais pas vieille et j'étais fière d'avoir compris ce qu'il voulait me dire.

**G.-H. G.** : Te souviens-tu quand on dénaturait les contes ensemble ?

**R. G.** : Oui ! On réinventait Le Petit Chaperon rouge, qui devenait tour à tour, le petit chaperon bleu, rose, noir. Chaque chaperon, selon sa couleur, avait sa personnalité et sa façon de combattre le loup.

**G.-H. G.** : Le rose, par exemple, était coquet et se servait de son miroir pour aveugler le loup.

**R. G.** : Le chaperon noir faisait peur au loup avec sa mauvaise humeur.

**G.-H. G.** : C'était ton préféré.

**R. G.** : C'est évident : c'était moi !

**G.-H. G.** : On a fait beaucoup de jeux ensemble. Te souviens-tu quand on faisait le bras de fer après le souper ?

**R. G.** : Ça mettait ma mère dans une humeur extraordinaire.

**Rafaële, quand tu étais enfant, quelle image avais-tu de ton père ?**

**R. G.** : Je ne pouvais pas l'idéaliser davantage. Comme mes deux parents travaillaient de la maison, je les regardais. Ma mère, étant attachée de presse, passait sa journée à parler au téléphone. Je ne pouvais pas m'imaginer exercer ce métier. Mon père, lui, il écrivait dans son bureau, tout seul. Je trouvais ça extraordinaire.

Les pères de mes amies, c'était des messieurs. Le mien, il était en jeans. Je le trouvais cool. Je lui trouvais très peu de défauts.

**G.-H. G.** : Je n'en ai pas beaucoup !

**R. G.** : C'est vrai. J'étais en amour avec lui.

**G.-H. G.** : Mais quand, dans sa vie, elle a eu des moments difficiles, elle appelait « moman ».

**R. G.** : Pour le rhume et les peines d'amour, ça prend la maman. Pour les choses du cœur, je me suis toujours tournée vers ma mère. J'ai toujours eu une certaine pudeur à parler de ça à mon père.

**Georges-Hébert, vos reportages vous obligeaient à partir de la maison, parfois pendant plusieurs semaines. Comment étaient les retrouvailles avec votre fille ?**

**G.-H. G.** : Une fois, j'étais parti pendant plus de deux mois. J'étais allé en Inde. Et quand je suis revenu, Rafaële était venue me chercher à l'aéroport. Elle devait avoir huit ans. Elle était intimidée. Elle me vouvoyait. Là, je sentais que je l'avais perdue.

**Vous avez aussi eu l'occasion de voyager tous les deux, seuls.**

**R. G.** : Quand j'étais toute petite, il m'a amenée à Cancún, au Mexique, pour qu'on puisse bien voir la comète de Halley. On ne l'a jamais vue parce qu'il ne faisait pas beau. Et mon oncle, qui est à Saint-Robert près de Sorel, l'a vue. Mais ça a été un voyage extraordinaire : je manquais une semaine d'école pour voyager toute seule avec mon papa !

**G.-H. G.** : J'étais un peu son esclave. Je faisais tout ce qu'elle voulait. J'avais le trac, car c'était la première fois que je partais seul avec elle. Je ne suis pas très bon dans l'organisation du quotidien.

**R. G.** : On mangeait juste des affaires en canne. Mon père, ce n'est pas un grand cuisinier. Pour lui, faire un bloody ceasar, c'est cuisiner.

**Qu'est-ce que ça te faisait que ton père soit moins organisé dans le quotidien ?**

**R. G.** : Habituellement, je ne m'en rendais pas compte, car ma mère est une femme hautement fonctionnelle. Mais quand elle partait une semaine, c'était la grande délinquance. Je ne ramassais pas ma chambre.

**G.-H. G**. : Ici, c'était Beyrouth.

96 **R. G.** : On ne pouvait pas voir par terre, les tiroirs étaient ouverts… Quand ma mère était absente, on ne rangeait pas la vaisselle, on mangeait ce qu'on voulait, debout, si on en avait envie. Avec ma mère, quand on mange, on s'assoit. Il y a une entrée, des biscottes, du beurre, une cuillère à soupe, même si on ne mange pas de soupe, car il faut mettre tous les ustensiles…

**En étant complice de délinquances avec sa fille, comment peut-on exercer une autorité sur elle à d'autres moments ?**

**G.-H. G.** : C'est difficile. Je n'ai pas eu beaucoup d'autorité sur elle.

**R. G.** : Il faut dire que je n'étais pas une enfant sur laquelle il fallait exercer énormément d'autorité. J'aimais l'école. J'étais sage.

**G.-H. G.** : L'effet pervers d'une proximité d'un père avec sa fille vient du fait que tu as l'impression d'avoir développé des liens d'amitié, alors que tu demeures le parent. Par exemple, je voulais que ma fille suive des cours de latin au collège.

**R. G.** : Je voulais appeler la DPJ, je pense. Je trouvais qu'à notre époque suivre des cours de latin était une hérésie incroyable.

**G.-H. G.** : Ça a été tout un conflit.

**R. G.** : Je voulais le punir par le traitement du silence, je boudais… J'ai dû me résigner : j'ai fait deux ans de latin dans la salle la plus grise, avec le plus gris des professeurs, le livre était gris.

**Comment avez-vous vécu le départ de votre fille de la maison familiale ?**

**G.-H. G.** : J'ai toujours été très proche de Rafaële. Quand elle était petite, je travaillais de la maison, alors pendant 20 ans, j'ai pris le petit déjeuner avec mademoiselle. Quand elle est partie, ça a été un deuil, parce que prendre le petit déjeuner tout seul, c'est triste.

**R. G.** : Pauvre petit !

# qui est avec moi, va partir.

**G.-H. G**. : Oui, pauvre petit ! Rafaële est partie pendant que Francine et moi étions en voyage. Nous le savions. Quand je suis revenu, j'ai vu que ses livres n'étaient plus là. Elle avait enlevé certaines affiches sur le mur. La tapisserie était abîmée. C'est dans l'ordre normal des choses de voir son enfant quitter la maison, mais c'est un deuil, car tu sais qu'elle ne reviendra jamais. Je venais errer dans sa chambre, j'avais de la peine.

**R.G.** : Moi aussi, j'étais triste. J'étais contente qu'il soit en voyage pendant mon déménagement. J'aurais trouvé ça trop déprimant, le petit bye-bye.

**G.-H. G.** : Même quand elle était petite, je me disais : « Un jour, cette enfant-là, qui est avec moi, pour qui je suis un héros, va partir. »

### Quand on aime à ce point son père, est-ce que ça complique les relations amoureuses ?

**R. G.** : Je me la suis posée, cette question… Ça a été long avant que j'aie mes premiers chums. Je me demandais si j'avais trop idéalisé mon père. Je pensais que je méritais un homme aussi bien que lui. Ma relation avec mon père m'a rendue exigeante, mais aujourd'hui, je suis contente de l'avoir été, car j'ai trouvé le bon gars à trente-deux ans.

### Quand vous lisez votre fille, êtes-vous un lecteur objectif ?

**G.-H. G.** : Je ne suis sûrement pas objectif, mais je trouve qu'elle écrit bien. Avec du rythme. Elle, elle dit tout le temps que ce qu'elle fait, c'est léger. Moi, je ne trouve pas, parce que je sais que Rafaële, ce n'est pas une fille légère. Elle a un style. On peut reconnaître un Rafaële Germain sans la signature. Pour mes soixante ans, elle m'a fait le plus beau cadeau. Elle a fait relier son premier livre, tapé à la machine, avec les coquilles, mais tout bien relié en cuir, avec un cœur embossé dessus.

**R. G.** : Moi, je ne voulais pas qu'il lise mon livre avant qu'il soit terminé. S'il avait émis le moindre commentaire, ça m'aurait tapé sur les nerfs et ça m'aurait fait douter.

**G.-H. G.** : Et moi, je lui disais : « Tu sais, Rafaële, un premier roman, tu peux en vendre 1 200, alors n'aie pas trop d'attentes. » Elle en a vendu 80 000 !

**R. G.** : Honnêtement, j'en aurais vendu 800, je ne pense pas que j'aurais été catastrophée.

**G.-H. G.** : Quand elle était un peu plus jeune, j'étais un peu inquiet, car elle était dans les bars neuf soirs par semaine. Tu te dis : « Elle ne fera rien ! » Pour moi, écrire, c'est ce qu'il y a de plus grand, mais j'aurais aimé qu'elle

fasse des études dans un autre domaine qu'études françaises. Moi, je suis très fier de mes études de géographe même si je ne pratique pas. C'est assez folklorique aujourd'hui de dire qu'en 1969, j'avais une licence en géographie.

**R. G. :** Tu m'as transmis le goût des cartes. J'adore ça, regarder une carte. Je peux passer des heures dans un atlas.

**Est-ce que ça a déjà été difficile d'être « la fille de... »**

**R. G. :** Maintenant, je le sens moins, mais quand j'ai commencé à travailler à La Presse, les gens qui n'aimaient pas ce que j'écrivais disaient : « On sait bien, c'est la fille de son père. » Il y avait une part de vérité dans la mesure où je n'aurais probablement pas décroché cet emploi si mes parents avaient été extérieurs au milieu.

**G.-H. G. :** Ça devait être agaçant à l'époque.

**R. G. :** Maintenant, ça ne m'agace plus. Si je doutais profondément de moi, je pourrais trouver ça difficile. Maintenant, ça fait dix ans que j'écris. Ça m'a servi aussi d'être sa fille. Je ne suis donc pas pour me plaindre quand ça me dessert.

**Les liens père-fille et mère-fils se tissent solidement de génération en génération dans votre famille. Georges-Hébert, vous étiez proche de votre mère. Son père était un héros pour elle...**

**G.-H. G. :** Je n'avais jamais pensé à ça... Ma mère était folle de son père. Elle l'aimait beaucoup. Une des dernières fois que j'ai vu ma mère, elle m'a fait le dessin du jardin qu'elle faisait avec son père. Et moi, j'ai toujours été proche de ma mère. C'est elle qui m'a donné le goût de la lecture, des atlas et des cartes géographiques.

**R. G. :** Ah oui ? Je ne savais pas ça.

**G.-H. G.** : Elle avait une carte. On la regardait ensemble. Elle imaginait des voyages partout. Des voyages qu'elle n'a jamais faits. Elle est allée une fois en Europe. On s'était cotisés, tous les enfants. Mon père et ma mère sont partis. Elle est revenue avec de l'argent et un cadeau pour chacun des enfants.

**Vous êtes-vous déjà dit : « J'espère avoir une aussi belle relation avec ma fille que celle que j'ai eue avec ma mère, Simone » ?**

**G.-H. G.** : Oui. Tu me le fais réaliser. Je ne dirais pas que ma relation avec Rafaële est calquée sur celle que j'ai eue avec ma mère, mais comme je l'ai trouvée très satisfaisante, c'est évident qu'elle m'a servi de modèle. Ma mère était attentive à qui j'étais. C'est elle qui m'a amené à la bibliothèque du village où je suis né. C'était un meuble, pas un édifice ! Elle avait fait ouvrir le meuble par un bedeau. J'ai beaucoup aimé ma mère, jusqu'à la fin. Alors que ma mère était à l'agonie, Rafaële a passé toute la nuit avec elle pour qu'elle ne soit pas seule. J'ai été très touché.

**R. G.** : J'avais assez peur qu'elle meure pendant que j'étais là.

**G.-H. G.** : Et tu as écrit un papier dans La Presse sur Simone.

**R. G.** : Elle était un petit poulet, elle ne pesait pas grand-chose.

**G.-H. G** : Je me souviens, les dernières fois que j'ai parlé avec elle, elle ne faisait pas de l'Alzheimer, mais de la sénilité. Elle me disait : « On n'est pas aux Écureuils ? » C'est le village d'où on vient. « Non, on est à Cartierville. » Et après, quand on a su que c'était irréversible, je lui laissais croire « Oui, on est aux Écureuils. »

# Éric et Colette Salvail

## La première fan

Colette, la mère d'Éric Salvail, a été sa première fan.
Elle a ramassé tous les articles de journaux parlant de son
cadet, regardé toutes ses apparitions télé, s'est prêtée à toutes
ses folies, l'a accompagné à des galas, l'a suivi sur tous ses
plateaux de tournage, même lorsqu'il n'était qu'animateur
de foule.

On pourrait penser qu'il est encore dans les jupes de sa mère.
Pourtant, je crois qu'il ne l'a jamais été. Ils sont complices,
proches, attentionnés, mais en même temps indépendants.
Ils ne s'envahissent pas. Ils aiment simplement être ensemble.

**E.** : Ça fait le petit gars à maman, hein ?

**M.H.** : Un petit peu.

**E.** : Ça ne me dérange pas.

*On s'installe pour faire l'entrevue.*
*J'ai toujours aimé la façon amusante dont*
*Éric a intégré la première femme de sa*
*vie à sa carrière. C'est dans son bureau*
*que l'animateur m'a donné rendez-vous.*
*J'aperçois tout de suite deux portraits de*
*Colette et lui.*

**Quels souvenirs avez-vous de la**
**première fois où vous avez vu votre fils ?**
**C.** : Mon mari et moi, on a toujours voulu
un garçon. Notre premier enfant, c'était une
fille. On était bien contents, car elle était
belle comme un cœur. Mais après, je me
suis dit : « Il faut se réessayer pour un autre.
Il faut que j'aie un gars ! » Et on a eu Éric.

**E.** : Tu oublies de dire qu'à l'époque, il y
avait des concours des plus beaux bébés de
la pouponnière. Je l'ai remporté !

**C.** : Ta sœur aussi. On recevait même des
trophées à l'époque.

**Comment était-il enfant ?**
**C.** : Il n'était pas tannant. Il s'est élevé
tout seul ! Comme on habitait au-dessus
de notre dépanneur, il était entouré de
grandes personnes.

**E.** : Pour me rendre au travail de mon
père, je n'avais qu'à descendre treize
marches et j'étais là. C'est particulier.
Dans un dépanneur, il y a toujours du
monde à qui tu te donnes en spectacle.
Ça a certainement nourri ce que je suis
aujourd'hui. Les clients du dépanneur
ont été mon premier public.

**C.** : Il écoutait. Il aimait jouer des tours,
mais rien de bien méchant. Il adorait vider
le bas de mes armoires. Il faisait tout un
vacarme. Aussi, il jasait beaucoup. Son petit
défaut, c'est qu'il fallait toujours qu'il ait le
dernier mot.

**De quelle façon le fait d'avoir été élevé**
**en haut d'un dépanneur a teinté ta**
**relation avec ta mère ?**
**E.** : Elle travaillait dans le dépanneur
seulement pour remplacer mon père.
Sinon, elle était au foyer, reine du foyer,
pour utiliser une expression très moderne.
Ça, c'est génial. Ma mère était toujours là.
J'avais toujours sa présence. C'est peut-être

pour ça qu'on est si proches aujourd'hui. Ma mère a été la personne la plus présente dans ma vie.

### En entrevue, Éric a souvent dit qu'il était un ancien gros.

**C.** : C'est vrai, jeune, il était gras. Et ce n'était pas pour rien. Quand Éric arrivait au dépanneur avec ses amis, mon mari leur payait la traite avec les bonbons. Son apparence a dû le fatiguer parce que aussitôt qu'il a quitté la maison, Éric s'est pris en main. Ça fait longtemps qu'il mange bien. C'est un beau gars maintenant.

### De qui retiens-tu, Éric ?

**E.** : Moi, je suis un heureux mélange de deux têtes de cochon qui s'appelaient Colette et André. Pour mes deux parents, le travail était quelque chose de très important. Ça fait en sorte que j'ai des tendances workaholic. Il faut que je fasse attention à ça. À un moment, j'allais réussir ma vie professionnelle au détriment de ma vie personnelle. L'idée, c'est d'essayer de réussir les deux. Il faut viser un équilibre. Ça se dit bien dans les livres, mais le vivre, c'est autre chose. J'ai quelques traits de caractère communs avec mon père. Quand je me regarde, je me dis : « Ah, mon Dieu Seigneur ! Je ne dois pas être facile à vivre. » Parce qu'il n'était pas évident, le bonhomme.

### Est-ce qu'il y a déjà eu des tensions entre ta mère et toi ?

**E.** : C'est plutôt la relation avec mon père qui était plus difficile. Il faisait partie de la génération d'hommes qui ne parlaient pas. J'étais toujours en confrontation avec lui. Je ne m'en laissais pas beaucoup imposer. J'ai toujours eu une réplique assez facile. Avec ma mère, ça se passait bien.

**C.** : On s'aimait trop, nous autres. On ne se trouvait pas de défaut.

**E.** : Je pense que mes parents ont été très exigeants. Aujourd'hui, je dois vivre avec ça. Ce n'est pas un défaut ou un manque. Seulement, quand nos parents ne reconnaissent pas ce qu'on fait ou qu'on n'en fait jamais assez, on devient comme ça en vieillissant. Ce qui fait que je suis très exigeant envers moi-même. Envers les autres aussi. Je ne me pardonne pas beaucoup les erreurs. Quand je fais un bon coup, je ne le célèbre pas pendant trois jours. Je travaille aussi sur ma confiance en moi. Je dégage beaucoup de confiance, mais c'est une façade. Je suis même allé en thérapie.

### Colette, vous étiez exigeante par rapport aux résultats scolaires.

**C.** : Oui. J'étais fatigante. Il avait de bonnes notes, mais il parlait tout le temps. Il avait donc des C en comportement. Je suis allée voir sa maîtresse d'école pour lui demander : « Éric pourrait-il corriger les travaux des autres élèves ? Pendant ce temps-là, il ne dérangerait pas les autres. » Ça a été une bonne solution.

**E. :** J'avais mauvais caractère. J'ai déjà déchiré un bulletin parce que j'avais une mauvaise note.

**C. :** Il l'avait déchiré devant son professeur. « Tiens, ton bulletin. » Elle m'appelle pour me dire : « Je vais lui donner sa note quand même. » Tu avais été chanceux, Éric ! Elle aurait pu te mettre zéro.

### À quel moment avez-vous senti qu'Éric deviendrait animateur à la télé ?

**C. :** Dès qu'il a commencé à parler, il a appris par cœur les annonces qui passaient à la télévision. Il disait : « Un jour, je vais être là. » Je croyais qu'il rêvait en couleur, mais il a réussi.

### Déjà enfant, il faisait des représentations à la maison. Comment ça se déroulait ?

**C. :** Il faisait des séances dans notre grande salle de jeux.

**E. :** Et ma mère participait. Je lui en ai fait faire, des affaires ! Je jouais à The Price is Right. Elle venait miser. « The new car », c'était mon modèle à coller. J'apportais ça sur un chariot. Comme à l'émission. Je les incluais partout. Mon père n'aimait pas ça. Ma mère, elle, était une show-woman. Elle aurait aimé faire ce métier-là.

**C. :** Je n'aurais pas haï ça, être dans le milieu. Si les sœurs m'avaient laissée faire... Dans le temps, avec les religieuses, il ne fallait pas parler. Mais c'est plus la danse qui m'intéressait.

**E. :** Tu en as fait de la danse en ligne à Sorel.

**C. :** Oui, mais de la danse en ligne, ce n'est la même chose. J'aurais voulu être une danseuse étoile. Tu me vois la grande patte en l'air ? Ça serait l'fun.

**E. :** Encore faut-il la mettre en l'air.

105

**Est-ce que c'est à cause de son amour du showbiz que tu as continué à inclure ta mère dans tes émissions ?**

**E.** : Ma mère fait partie de ma vie. Je l'emmène dans des évènements où elle sera heureuse et auxquels elle n'aurait pas eu accès autrement. Je veux qu'elle vive plein d'affaires. C'est pour ça qu'elle m'a déjà accompagné dans des galas.

**C.** : Il ne m'oublie jamais.

**E.** : Ma mère, je l'ai taquinée devant 2,4 millions de téléspectateurs quand j'ai animé le Gala MetroStar. À la radio, elle faisait des chroniques sur Occupation Double. Une fois, je n'ai pas pu me présenter sur le tapis rouge pour les nominations d'un gala et j'ai envoyé ma mère. Ils nommaient les artistes un par un. « Éric Salvail, représenté par sa mère, Colette ! »

**C.** : J'avais son portrait avec moi. Tout le monde riait. Il m'en a fait vivre des affaires !

**E.** : Des fois, je dois te faire honte un peu.

**C.** : Non.

**E.** : Tu n'es pas découragée des fois ?

**C.** : Non. Je n'ai jamais été découragée. Je n'ai jamais été inquiète. « Mon Dieu ! Avec qui il se tient ? J'espère qu'il ne va pas prendre un coup ou se droguer. » Je n'ai jamais pensé à ça. J'ai eu deux enfants extraordinaires.

**E.** : Elle n'a jamais été par dessus mon épaule. Pas du tout. Mais elle y va de tous ses précieux conseils au fil des jours.

**C.** : As-tu pensé que ça doit être parce que je t'aime ?

**E.** : C'est ça que je me dis. Et je fais la même affaire avec elle. Je l'appelle et je m'assure que tout va bien pour elle. Je suis aussi un peu dans ses baskets. On devient les parents de nos parents.

# On se dit pas mal tout...

**C.** : J'aime ça. C'est correct, ça.

**E.** : Quand on était jeune, ils nous ont torchés. On fait attention à eux. On veut qu'ils soient biens.

**Colette, avez-vous appuyé Éric à ses débuts ?**

**C.** : Alors qu'il était un jeune adulte, Radio-Canada l'a appelé pour faire un remplacement de trois semaines au courrier. Il avait un bon travail ailleurs. Je lui ai dit : « Es tu malade ? Tu ne vas pas quitter

ton emploi pour un remplacement de trois semaines ?» Il a décidé de tenter sa chance. Il n'est jamais reparti. Il a bien fait. S'il m'avait écoutée, il ne serait pas rendu là aujourd'hui.

**Vous avez cependant toujours été sa fan la plus fidèle.**

**C.** : Je regarde tout ce qu'il fait. Dès que je sais qu'il passe à une émission, c'est sûr que je l'écoute. Depuis ses débuts. Même quand il était seulement animateur de foule, j'assistais aux émissions. Je découpe les articles qui parlent de lui.

**Est-ce que vous lui faites des commentaires ?**

**C.** : Oui. Et il écoute.

**E.** : Ma mère était plus critique à une certaine période. Maintenant, tout est beau, tout est bon. À part quand elle dit que je m'habille toujours trop serré.

**C.** : Éric a toujours été habillé comme une carte de mode, mais à un moment donné, je trouvais qu'il s'habillait trop serré. Je lui ai dit : « Éric, prends un point plus grand. »

**Éric, ton père est mort il y a quelques années. La période où il a été malade a transformé ta relation avec ta mère. De quelle façon ?**

**E.** : J'ai vu en ma mère une femme exceptionnelle. Il est entré dans un centre de soins longue durée pendant quatre ou cinq ans. Ma mère était là chaque jour. Elle allait le faire manger.

**C.** : Matin, midi et soir.

**E.** : Elle a pris une seule semaine de vacances durant toute cette période. J'ai vu une personne très aimante. Tu te dis : « Wow ! L'amour, c'est ça. » Ça m'a beaucoup impressionné ça. Je ne suis pas sûr que je ferais la même chose pour quelqu'un d'autre. Je me suis dit : « On n'aura jamais ça, dans notre vie, nous autres ! » Qui va pendre soin de nous quand on va être vieux ?

**C.** : Moi, je vais être encore là.

**Colette, vous habitez Sorel. Éric est à Montréal. Comment faites-vous pour rester en contact ?**

**C.** : On s'appelle presque tous les jours. On se dit pas mal tout… Depuis que j'ai eu des problèmes de cœur, il est plus inquiet. Il m'appelle encore plus souvent.

**E.** : Mais là, je lui tape bien sur les nerfs, car je l'appelle seulement quand je suis dans mon char. Elle dit : « Bon, t'es encore dans ton char ! » Je dis : « Bien oui, c'est là que j'ai du temps !»

**C.** : Tu travailles trop !

**E.** : Je le sais !

**C.** : Tu n'as pas une petite seconde pour m'appeler sans être dans l'auto. Ça n'a pas de bon sens.

**E.** : Ou ce qui l'agace, c'est quand elle tombe sur le répondeur. C'est comme si on devait nécessairement avoir son cellulaire greffé sur soi. Elle laisse le message : « Bon, bien, t'es pas là, ça a l'air ! » C'est comme si elle me disait : « Comment ça se fait que tu ne réponds pas ? »

### Avez-vous toujours eu cette même complicité ?

**E.** : Elle a toujours été belle, mais elle a évolué. Nous autres, on était plus dans l'avoir que dans l'être. On se racontait ce qu'on avait fait, ce qu'on avait reçu, pas comment on se sentait. Les émotions n'ont jamais été un sujet de conversation chez-nous. Mon père, quand il avait une émotion, il saignait du nez. Quand son père à lui est mort, il s'est mis à saigner du nez.

**C.** : Quand tu me racontes ce que tu fais et que tu as l'air heureux, je n'ai pas besoin de te demander si tu vas bien, je le sais.

**E.** : Je ne t'accuse pas, maman ! C'est une constatation. Les émotions, l'être, n'ont jamais été très explorés. Ça s'est raffiné. Aujourd'hui, on a plus de discussions, plus d'ouverture, on s'intéresse plus à la personne. Je lui conte quand même toujours ce que je fais. Quand j'ai des moments plus difficiles, je lui en parle, mais je tente toujours de la protéger. Comme ma mère a fait deux infarctus, je la protège de tout.

### Trouvez-vous ça lourd, l'inquiétude de l'autre ?

**E.** : Non, ma mère n'est pas lourde. Des fois, elle s'inquiète et je dis : « Là, j'ai 40 ans, il faudrait que tu en reviennes ! » La phrase qu'elle m'a répétée toute ma vie, c'est : « Fais attention avec ton argent. » Ça, c'est genre il y a deux semaines, pas quand j'avais 20 ans. Ma mère et l'argent, ça a toujours été particulier. Elle est toujours inquiète par rapport à mon métier. Elle a peur que ça s'arrête et que je n'aie plus d'argent.

### De quoi êtes-vous le plus fier de l'autre ?

**C.** : Il est généreux, Éric. Il a bon cœur.

**E.** : Son entregent. Suite au décès de mon père, au salon funéraire, il y avait des gens jusque sur le trottoir qui attendait en ligne. Ce n'était pas pour moi. Ma mère : « Ah bien, je te présente Monique, mon amie Monique. » « Enchanté. » « Ah ! Ça, c'est mon amie Jacqueline. » J'ai passé deux jours de même. Ma mère, elle est aimée des gens. Elle est aimante, mais elle est aimée. Elle est extravertie. J'aime ça parce que je sais que ma mère n'est pas mal prise dans la vie. Je l'emmène à quelque part et elle jase avec tout le monde. Et je la trouve belle. Je la trouve sexy. Je la trouve très jeune de cœur aussi. On ne dirait pas qu'elle a 70 ans. Elle est toujours game. En fait, c'est peut-être ça que j'aime le plus de ma mère.
Tu l'appelles : « Viens-tu à Québec? » « On part ! » « Viens-tu prendre un café? » Elle est en pyjama et elle dit : « Oui ! » Ses amies l'appellent : « Viens-tu, on va aller danser à Sorel? »

ça. Je n'ai pas le sentiment qu'elle est toute seule, et ça me réconforte beaucoup. Elle n'est jamais à la maison. Et chaque fois que tu l'appelles, la ligne est occupée.

**Si tu avais un hommage rendre à ta mère, que dirais-tu ?**
E. : Colette, c'est la personne la plus importante dans ma vie. Je m'assure toujours de son bien-être, de son confort et de son bonheur. À Noël, j'ai des amis qui partent en voyage. Moi, c'est sûr que je suis avec ma mère. Ça, ça n'a jamais changé, et je vais toujours être là. Ça me fait bien du bien d'aller voir ma mère, qui me fait son macaroni. Ça me rend heureux quand je sais que je vais la voir et qu'on va jouer aux cartes. J'aime ça. J'ai commencé tard à être indépendant. Je suivais beaucoup ma mère. Elle allait jouer aux cartes chez des amies et moi, je suivais. J'ai été un petit gars à maman longtemps. Jusqu'à ce que je décolle, à 18 ans, à l'université.

**Il a donc fallu que tu ailles à l'université pour couper le cordon ?**
C. : On ne le coupe pas le cordon. On le garde.

E. : Pendant mes trois ans d'université, toutes les fins de semaine, je suis allé à Sorel. Il y en a juste une où je suis resté à Montréal,

et c'est parce que j'étais vraiment dans le rush total de la troisième année. Je prenais l'autobus à Longueuil tous les vendredis. Je revenais le dimanche. Je voulais aller chez ma mère.

**Les gens peuvent penser que tu es un petit gars à maman, mais dans le fond...**
C. : Pas pantoute. Il est bien trop indépendant pour ça.

E. : Je pense qu'on est plus amis que mère et fils. Quand je fais des émissions ou des entrevues avec ma mère, je dois faire attention pour ne pas avoir trop l'air du petit gars à sa mère. En même temps, je m'en fous de ce que les gens vont dire. Je suis fier de ma mère.

C. : Les gens qui te connaissent, ils savent que tu n'es pas le petit gars à maman. Tu es trop indépendant pour ça.

E. : Le public, maman, ils ne connaissent pas le détail de notre relation. C'est une relation amicale plutôt que celle d'une mère trop prenante.

C. : Une relation d'amour, qu'on appelle.

E. : Une relation d'amour...

# Michelle Courchesne

## Le parcours d'une battante

Quelle que soit son allégeance politique, on ne peut qu'admirer le parcours de vie de Michelle Courchesne. Enfant, après le divorce de ses parents, elle a connu ce qu'est l'absence d'un père pendant plusieurs années. Mère de deux garçons, elle en a passé des journées dans un aréna à encourager son aîné et à aider son cadet, qui souffre d'un trouble de déficit d'attention. Elle a conduit ses enfants à bon port, tout en menant de front une carrière politique et en soutenant son mari, atteint de la maladie d'Alzheimer.

Maintenant, son mari n'est plus et ses garçons ont quitté la maison. Elle continue sa route, sans jamais faire porter le fardeau de sa peine à qui que ce soit. C'est que cette grande dame a toujours su faire face aux épreuves avec élégance, courage et dignité, même si cela a souvent voulu dire affronter la solitude.

Quand je suis arrivée à ses bureaux, c'est d'abord la Ministre que j'ai entrevue. Celle qui gère des dossiers, qui est entourée de conseillers, qui a un horaire réglé au quart de tour. Pourtant, à l'instant où elle s'est assise avec moi, la politicienne a cédé toute la place à la femme, qui m'a accordé une attention pleine et entière et qui s'est livrée avec une grande générosité.

**Entrevue**

**Vos parents se sont divorcés alors que vous aviez dix ans. Les circonstances ont fait en sorte que vous avez cessé de voir votre père. Est-ce que ce lien père-fille vous a manqué ?**

Ça n'a pas été facile, mais le grand regret de ma vie, ça n'a pas été le divorce de mes parents ou de ne pas voir mon père, c'est de ne pas avoir eu de frère et de sœur. Toute ma petite enfance, j'ai eu des parents qui se disputaient. C'était très lourd à porter sur mes épaules de fille unique. Quand mes parents se sont quittés, ça a donc été plutôt un soulagement pour moi.

**Vous avez retrouvé votre père alors que vous aviez vingt-cinq ans. Comment ça s'est passé ?**

J'ai été quinze ans sans voir mon père. Quand je l'ai revu, j'avais le choix : l'accepter comme il était ou non. J'ai choisi de l'accepter. À vingt-cinq ans, j'ai fait une longue réflexion sur les traits de caractère qui me venaient de mon père et de ma mère. J'ai choisi ceux que je voulais conserver pour compléter ma vie adulte. En comprenant mon père et ma mère, ça m'a permis de m'accepter moi-même. J'étais assez mature pour savoir quelle femme je voulais être. J'ai été capable d'accepter mon père comme il était.

**Vous avez donc fait la paix avec votre père ?**

Je savais que mon père m'adorait. Je n'ai pas manqué d'affection de sa part. Il était très fier de moi. Mon père est décédé chez moi. Ça a été un très beau moment, très serein. Moi, j'étais bel et bien réconciliée. Sauf que je ne pense pas que je puisse dire que j'étais proche de mon père. Ni proche, ni loin.

**Êtes-vous allée chercher d'autres figures paternelles ?**

Non. C'est pour cette raison que je me lie très facilement d'amitié avec un homme. Moi, je suis l'amie de tous les hommes. Je suis la confidente idéale. Ce qui fait que j'ai de très belles amitiés masculines. L'amour, ça a été plus difficile. C'est plus compliqué. Je ne crois pas que ce soit dû à l'absence du père. C'est davantage lié à mon caractère, au genre de femme que je suis et à la vie que j'ai connue avec ma mère. Elle n'avait pas beaucoup de sous, il fallait se battre. La vie n'était pas facile. Ma mère a toujours dit : « Si jamais tu es toute seule, tu n'attendras pas après un homme pour faire ta vie. » Même si mon père était absent, je savais, au fond de moi, que c'était dû à des circonstances plus qu'à un rejet. Je crois que j'ai vécu des relations

amoureuses où je sentais la peur d'être abandonnée. Je l'ai eue longtemps, cette peur d'être abandonnée…

**Est-ce que le choix d'avoir des enfants a toujours été clair pour vous ?**

Ah, mon Dieu, oui ! Comme j'étais fille unique, c'était clair pour moi que je voulais une famille. Je vais vous faire une confession publique. À trente ans, j'étais célibataire et j'étais prête à être une mère monoparentale, s'il le fallait. J'ai été élevée par une mère seule, donc ça ne me faisait pas peur. Cela étant dit, ce n'est pas ce que je souhaitais parce que, venant d'une famille brisée, je voulais fonder une vraie famille. La vie a fait en sorte que quelques mois après mon trentième anniversaire, j'ai rencontré Normand. Et l'année suivante, j'étais mère.

**Votre conjoint avait déjà deux enfants.**

Quand nous avons décidé d'habiter ensemble et de nous marier, je lui ai dit : « Il y a une condition essentielle : je veux des enfants. » Il m'a répondu : « Oui, pas de problème. » J'ai spécifié : « Je n'en veux pas juste un, j'en veux au moins deux. » Il a accepté. D'ailleurs, tout juste après le décès de mon mari, il y a deux ans, j'ai exprimé à mon fils aîné toute la reconnaissance que j'avais envers leur père d'avoir eu deux autres enfants.

**En plus d'être mère, vous avez donc été belle-mère. Est-ce que ça a été facile ?**

Ce n'est jamais facile. J'avais trente-et-un ans. Eux avaient dix et douze ans. Comme je n'avais pas d'enfant, j'ai pris ce rôle-là très au sérieux, probablement trop au sérieux. Je ne referais pas les choses de la même manière. Par contre, je n'ai jamais voulu prendre la place de leur mère. Est-ce que j'ai réussi ? Peut-être pas. Aujourd'hui, avec le recul, je sais qu'on reste toujours une belle-mère, rien d'autre.

**Avez-vous réussi à créer une harmonie entre les enfants ?**

Normand et moi, on a toujours voulu que ce soit une seule et même famille. La notion de demi-frère ou demi-sœur n'a jamais existé. Pour nous, les quatre enfants étaient égaux, ils avaient la même place, et on ne faisait pas de distinction entre eux.

**Vous êtes la mère de Jean-Michel et Louis-Charles, deux garçons…**

Et je suis très contente d'être la mère de deux garçons ! C'est effrayant ce que je vais dire, mais je ne pense pas que j'aurais aussi bien réussi avec une fille. Quand j'étais enceinte et que j'ai su que j'avais un garçon, j'étais tellement contente. J'ai été élevée par des femmes : ma mère et une de mes tantes, qui étaient toutes deux célibataires et qui avaient des amies comme elles. C'était tout un clan de femmes seules. Quand le deuxième est arrivé, Normand avait déjà une fille, mais il aurait voulu en avoir une autre. Moi, je vais être très franche, quand, à l'échographie, j'ai su que c'était un autre garçon, j'ai ressenti une petite tristesse pour Normand, mais, honnêtement, j'étais soulagée. Je suis une fille à gars.

**Quelle valeur souhaitiez-vous transmettre à vos fils ?**

L'authenticité. Parce que c'est la condition essentielle pour être capable de partager quoi que ce soit avec les autres. C'est exigeant d'être honnête avec soi-même et ça prend du courage. Ma relation avec mes enfants a toujours été basée sur cette notion de vérité. Comme parent, quand tu veux créer cette véritable relation de confiance, il faut constamment être conséquent. Ça marche dans les deux sens. Ce dont je suis le plus satisfaite comme mère, c'est que mes deux fils m'aient toujours dit la vérité.

**Vous êtes devenue ministre alors que vos fils avaient seize et dix-neuf ans. Vous avez toujours eu une carrière très exigeante. Comment avez-vous concilié votre travail et votre rôle de mère ?**

C'était beaucoup plus difficile quand j'étais sous-ministre et qu'ils étaient très jeunes. Comme j'ai toujours travaillé beaucoup, mes fils ont appris à se faire cuire un œuf et à repasser leurs chemises très jeunes. Ça a fait d'eux des hommes très autonomes.

Ils n'ont jamais attendu après leur mère pour souper. Je pense qu'aujourd'hui ils sont contents de ça. Depuis que je suis politicienne, ce qui a été le plus difficile, c'est que mon mari soit tombé malade le même jour où j'ai été élue.

**En étant ministre, on s'expose à la critique. Est-ce que vos enfants ont eu de la difficulté à composer avec cet aspect de votre carrière ?**

Je suis convaincue que, quand leur mère est malmenée, ils ne trouvent pas ça facile. En même temps, mes meilleurs et mes plus durs critiques, ce sont eux. Et c'est ce que je leur demande. Une mère telle que je le suis ne peut pas faire des fils dans la dentelle. Quand ils ont quelque chose à me dire, ils me le disent. Et je les écoute, car ils ont un très bon jugement.

# Je trouve qu'un parent
## n'a pas à faire porter

**Vos deux fils sont très différents…**
Complètement, ils ont deux personnalités totalement opposées. Le plus jeune est le portrait de la mère et l'aîné est le portrait du père.

**Votre aîné, Jean-Michel, a été gardien de but jusque dans la Ligue de hockey junior majeur du Québec. À quel point étiez-vous impliquée ?**
Je n'étais pas reposante ! Mon mari s'assoyait à l'autre bout de l'aréna parce qu'il trouvait que je criais trop. Ça le rendait furieux de me voir être aussi partisane. Entre les périodes, je n'étais pas avec les mères, j'allais parler hockey avec les pères. J'ai commencé à me calmer dans le Midget AAA parce ça devenait sérieux. Quand il était dans le Junior, j'ai dû assister à 80 % des matchs où il était devant le filet. Je n'allais pas dans les provinces de l'Atlantique, à Baie-Comeau et à Rouyn-Noranda. S'il gardait les buts dans une de ces villes-là, il m'appelait tout de suite après. Il n'y a pas une fois où il ne m'a pas appelée après avoir joué une partie de hockey. Ça a été des moments inoubliables. Ça nous a tellement rapprochés. Ça a créé une belle complicité entre nous.

**C'est connu, le plus jeune de vos fils, Louis-Charles, a un déficit d'attention. Comment avez-vous composé avec la situation ?**
À l'adolescence, ça a été plus mouvementé. Il avait parfois tendance à faire des petits mauvais coups. Je lui disais : « Je ne te laisserai jamais tomber. Tout ce que je te demande, par contre, c'est que tu me dises toujours la vérité. Même quand tu es dans des situations délicates. » Et il l'a été, dans des situations délicates ! Évidemment, en échange, quand il me disait la vérité, je ne partais pas en guerre contre lui. Je lui fixais des objectifs clairs et je lui mettais des barrières très précises.

**C'est lui qui a davantage votre personnalité. Est-ce que c'est plus facile ou plus confrontant ?**

Plus confrontant. On a parfois de bonnes prises de bec. On a tous les deux une capacité à élever le ton. Mais on le sait et on sait qu'on est pareils. Par contre, parfois, il y a des choses que j'ai plus de facilité à partager avec lui, justement parce qu'il me ressemble. Je sais qu'il sera plus tolérant à certains égards.

**Comment avez-vous aidé votre fils à surmonter ses difficultés ?**

Ce n'est pas tellement sur le plan pédagogique que je l'ai aidé, mais plutôt en lui apportant un soutien affectif et moral. Ces enfants-là sont constamment placés devant des situations d'échec. Il faut donc sans cesse les revaloriser. Il a d'abord fallu lui faire accepter sa différence, lui faire accepter qu'il devait prendre des médicaments.

Lui dire : « Regarde, tu es super attachant, tu es super généreux. Tout le monde t'aime. » Ça m'a pris beaucoup de patience, beaucoup de discussions avec les professeurs. Beaucoup d'heures. Je ne regrette absolument pas, car aujourd'hui, il est à l'université et ça va bien. Il n'a jamais redoublé une année.

Ça a été plus long pour terminer le cégep et son premier bac à l'université. Il faut accepter qu'on ne peut pas demander la même chose à chacun de ses enfants.

117

**Jean-Michel, lui, réussissait très bien à l'école. Est-ce qu'il y avait une rivalité entre les deux ?**

Il fallait constamment que je dise à Louis-Charles : « Arrête de te comparer à ton frère ! » J'ai dû gérer cette rivalité entre les deux. Il y a eu une époque où c'était l'eau et le feu. Et ça, ça m'attristait énormément. Je leur disais : « Je n'ai pas fait deux enfants pour qu'ils se chicanent. Un jour, on ne sera plus là, et je veux que vous soyez unis. » J'ai beaucoup insisté là-dessus. Or, ce qui les a rapprochés, ce ne sont pas mes longs discours, mais la maladie et le décès de leur père.

**Est-ce que votre relation avec vos fils a changé depuis la mort de votre mari ?**

Il y a des choses de ma vie que je ne confierai jamais à mes enfants. Aujourd'hui, je suis veuve et je me dis : « Bon, c'est quoi la suite de ma vie ? » Je suis très hésitante à leur parler de mes sentiments. Je ne leur cacherai pas ce qui se passe, mais il y a un côté profond de moi que je ne dévoilerai jamais. Je l'écris. J'ai commencé à écrire quand mon père est décédé il y a dix-sept ans. C'est devenu trois bouquins. Je les ai dédicacés à mes fils. Ils n'auront le droit de les lire qu'à mon décès.

**Et ils le savent ?**

Oui et ils respectent ça. Ils découvriront alors une autre facette de leur mère. Une partie dont ils se doutent, bien sûr. Ils me connaissent. Je trouve qu'un parent n'a pas à faire porter le poids de sa vie sur ses enfants. Par exemple, depuis que Normand est décédé, le poids de la solitude est immense. Particulièrement le week-end. Or, je n'appelle jamais mes enfants le week-end. Si eux m'appellent, je suis contente, mais je ne les appellerai pas pour leur demander de venir me voir. C'est ma mère qui m'a élevée comme ça. Je considère qu'ils commencent leur vie adulte et qu'ils n'ont pas à subir ma solitude. De toute façon, ils le savent. Je sais qu'ils en souffrent et qu'ils me surveillent du coin de l'œil. C'est à moi de rebâtir ma vie. Ce n'est pas à eux.

L'entrevue s'est terminée. Les portes de son bureau se sont ouvertes. Ses conseillers se sont précipités sur elle, et elle est redevenue la Ministre.

# Christiane Despatie

## Une mère en or

Comment se sent-on quand la chair de sa chair réalise des exploits qui nous dépassent? Endure des souffrances qu'on subirait mille fois pour les lui épargner ? Quand Christiane Despatie nous le raconte, on le vit avec elle.

En 1998, à 13 ans, Alexandre Despatie devient le plus jeune médaillé de l'histoire des Jeux du Commonwealth grâce à sa victoire à la tour de 10 mètres. Ce jour-là, sa vie change complètement. Celle de sa famille aussi. Le jeune sportif devient une véritable vedette et un des athlètes québécois les plus aimés.

Si la plupart des mères rêverait d'avoir Alexandre Despatie comme fils, tous les enfants voudraient une mère comme la sienne. Une mère de vocation. Qui chérit ses deux enfants. Qui les nourrit. Qui aime les avoir près d'elle, mais qui permet à son fils de parcourir le monde à la poursuite de son rêve.

**Entrevue**

### Comment décririez-vous le lien qui vous unit, Alexandre et vous ?

C'est fusionnel. On a une connexion très forte. S'il pleure, je pleure. Quand il est heureux, j'explose. On n'a pas besoin de se parler. C'est inné. Quand je lui donnais son biberon, il me regardait toujours droit dans les yeux et ne me lâchait pas. Comme bien des mères, je suis incapable de tolérer que mon enfant soit malheureux. Ça me déchire. Alors, je fais tout pour lui faciliter la vie, lui sauver du temps, lui enlever de la pression. Alexandre gère bien les grandes choses, la pression, les grands événements. Les petites choses de la vie, il a peur de ça. Quand il avait dix-neuf ans et qu'il vivait encore chez moi, des fois, les gens me disaient : « Franchement, tu fais encore son lunch ? Tu laves encore son linge ? » Je leur répondais : « Il n'y a personne qui va me faire regretter de faire ça pour mon fils. Jamais. Il s'entraîne six jours par semaine. » Je me vois aussi comme son acolyte d'indiscipline. Dans la vie, il doit faire attention à tout : sa nourriture, son horaire, son comportement. J'aime donc être complice de son côté plus wild qu'il exprime surtout dans son habillement.

### Quand vous pensez à la naissance d'Alexandre, qu'est-ce qui vous vient en tête ?

Sa naissance s'est faite très vite. Deux heures, merci bonsoir. Il a plongé dans la vie. Pendant que j'accouchais, mon mari prenait des photos. Il y a une photo où Alexandre a seulement le tronc sorti et il pleure déjà. À cet instant, je me suis dit : « Ah, mon Dieu, on va en arracher avec celui-là ! »

### Qu'est-ce vous sentiez déjà chez lui, bébé ?

Sa témérité. Si on n'avait pas pris Alexandre en main, il aurait fait la une des journaux, mais pas pour les bonnes raisons. Il n'avait peur de rien. Il s'aventurait partout, il était curieux et voulait tout explorer. Les petits garçons ont la réputation d'être plus actifs. Bien nous, on a eu un bel échantillon, je te le garantis. Un jour, il avait deux ans, je ne le voyais plus dans la maison. À l'époque, il avait la mauvaise habitude de se cacher tout le temps. Sais-tu où il était caché cette fois-là ? Il avait ouvert la porte de l'armoire, s'était servi d'une marmite pour grimper sur le comptoir, puis il avait escaladé le réfrigérateur. J'ai tout de suite senti qu'il aimait les hauteurs. Il fallait canaliser toute son énergie grâce au sport.

### Quels sports pratiquait-il ?

Anouk et Alexandre, mes deux enfants, ont commencé à faire du ski la couche aux fesses. Comme mon fils avait besoin d'émotions fortes, on lui a fait faire de la descente. Il excellait. Il aurait aussi bien pu participer aux Jeux olympiques en ski. Il n'avait pas peur de la vitesse.

Mon mari et moi, on s'est demandé : « Est-ce que, plus tard, on aime mieux qu'il descende une piste à 120 km/h ou qu'il se laisse tomber en bas de la tour de 10 mètres ? » On a convenu que ce n'était pas à nous de décider, mais à Alexandre. On l'a fait skier, plonger, jouer au hockey et au football. Quand il a eu six ans, on lui a demandé : « Quel sport te rend le plus heureux ? » Il nous a répondu : « Moi, j'aime plonger. J'aime ça, me lancer dans le vide. » C'est là que la grande aventure a commencé.

### Avec trois entraînements de plongeon par semaine, comment vous êtes-vous organisée ?

Quand sont arrivés les entraînements, j'ai structuré l'horaire pour que tout le monde soit bien. On en a mangé des petits sandwichs dans l'auto. On en a fait de l'alphabet, des tables de multiplication et des leçons sur la route. Mais c'était correct. Je n'ai pas de mauvais souvenirs de ça. Je ne peux pas te dire que ç'a été un sacrifice.

### Sans être un sacrifice, être mère d'un athlète, c'est tout un contrat. Qu'est-ce que ça exige ?

On doit assumer sa décision et supporter son enfant. Il faut aussi accepter que c'est sa passion qu'il vit et pas la nôtre. Alexandre, on va le supporter jusqu'à son dernier plongeon. Il faut aussi respecter son détachement. Quand il nous a dit la première fois : « Pas besoin de venir à la compétition, ce n'est pas une grosse affaire », ça m'a fait un petit pincement, mais il faut accepter que les enfants vieillissent. Être parent d'un athlète, c'est accepter de se détacher tout en restant présent.

### Vous avez quand même été souvent privée de votre fils ?

C'est probablement le seul côté négatif de cette grande aventure. Il manque souvent une personne à table. Dans mon cœur, je me dis : « Est-il malheureux de ne pas être ici ? Est-ce que ça lui manque ? » Aujourd'hui, je ne pose plus la question parce que j'ai peur d'avoir la réponse.

### Comme mère, comment avez-vous vécu le fait de confier votre jeune fils à des entraîneurs ?

Tu ne peux pas toujours accompagner ton enfant. Il faut donc que tu lui laisses sa liberté. À huit ans, il a commencé à faire des voyages à travers le Canada, des compétitions nationales. Il partait avec son équipe et il m'appelait tous les jours.

Et je lui mettais toujours une petite lettre dans sa valise. Quand il est parti pour les Jeux du Commonwealth, c'était la première fois qu'il partait outre-mer. Ce n'est pas rien, là. Il s'en allait à Kuala Lumpur. Alexandre me sentait fébrile. Il me répétait : « Mom, je ne veux pas que tu pleures. Si tu pleures, je ne me sentirai pas bien. » J'ai une amie qui m'avait dit : « Christiane, quand tu ne veux pas pleurer, tu rentres ta langue dans le palais, et je te jure, les larmes ne sortent pas. » Je me suis dit : « C'est le temps d'appliquer ça ! » Quand est venu le temps de le quitter, il me regardait dans les yeux : « Pleure pas, là. Pleure pas ! » « Bien non, je ne pleure pas ! » Je le sers dans mes bras et je le regarde partir. La minute où je ne l'ai plus vu, la champlure est partie. J'ai pleuré tout le long du retour dans l'auto. Mon « petit-pit » de treize ans qui partait outre-mer et qui s'en allait plonger avec des hommes.

**C'est lors de ce voyage que sa vie et la vôtre ont changé. Alexandre est devenu le plus jeune médaillé de l'histoire des Jeux du Commonwealth grâce à sa victoire à la tour de 10 mètres. Comment avez-vous appris la nouvelle ?**

Le téléphone sonne. Je réponds. Un journaliste me dit : « Mrs. Despaties ? Have you heard the news ? » Son ton de voix était dramatique. Pendant une fraction de seconde, j'ai pensé qu'Alexandre venait de se blesser. L'homme poursuit : « Well, he won the 10 meters. He just wrote history. »

Pendant trois heures, le téléphone n'a pas arrêté de sonner : tous les médias nous ont appelés. Comme mère, mon premier réflexe a été de penser à mon pauvre petit garçon qui devait être assailli de tous bords. Les reportages ont commencé à être diffusés. J'ai vu mon fils entouré de cinquante journalistes. Il pleurait parce qu'il était trop ému. Et je me suis dit : « Ah, mon Dieu, comment ça se fait qu'on n'est pas là ? » Mais tu ne peux pas prévoir une affaire comme celle-là. S'il y a une chose dans ma vie pour laquelle je n'ai pas été préparée, c'est cette journée-là. Cette semaine-là. Ce retour-là. Et ce changement de vie drastique. À partir de 1998, notre vie a tourné, et on s'est retrouvés dans un autre monde. Un monde où Alexandre ne sortait pas sans se faire parler, sans se faire demander des autographes.

**124** **Comment avez-vous fait pour garder le contrôle ?**

Le plus important pour moi, c'était le bonheur de mon enfant. Je me souviendrai toujours d'une entrevue qu'il devait donner à Stéphan Bureau. Juste avant, il m'a regardée avec des grands yeux. Son regard me disait : « Je n'en peux plus. » Ils l'ont appelé sur le plateau. Ça s'est bien passé, il a mis la switch à on. Quand on est sorti de là, j'ai dit à la relationniste : « C'est terminé. Je m'en vais chez moi. On s'en va se coucher. Il n'est plus capable. Il a treize ans. Il a mal au cœur. Il est sur le décalage horaire. Le cirque est terminé. »

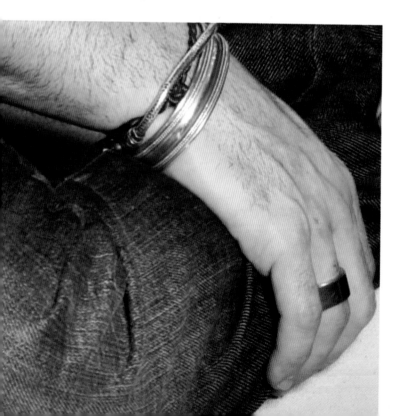

**Comment votre fille a-t-elle vécu ce changement de vie ?**

Notre belle Anouk a subi les contrecoups de cette période de folie. Le jour où Alexandre a gagné à Kuala Lumpur, quand les médias ont rempli la maison, j'ai réalisé que ma fille avait disparu. Je l'ai retrouvée en sanglots dans la douche. Elle avait quinze ans et son petit frère venait de réussir un exploit. Elle ne comprenait pas ce qui se passait. Elle est sortie de la douche et m'a regardée avec ses yeux rouges. Elle s'est laissée glisser le long du mur et m'a posé la question à un million de dollars : « Pourquoi vous ne m'avez pas faite bonne comme lui ? » Pow! Qu'est-ce que tu réponds ? Là, j'ai pris trois secondes avant de lui dire : « Tu sais, papa et moi, on vous a faits avec autant d'amour l'un que l'autre. Tu sais quoi ? C'est lui qui n'est pas normal. Toi, tu es belle, tu as une belle personnalité et tu es normale. Dans la vie, les gens exploitent leurs capacités à 75 %. Ceux qui frôlent le 100 % sont des exceptions, Anouk. Lui, il roule à 120 km/h tout le temps. Ça, ce n'est vraiment pas normal. » Cette différence entre les deux s'est atténuée avec le temps. Mon Dieu, qu'il l'aime, sa sœur !

# c'était le bonheur de mon enfant.

**Vous n'assistez pas à toutes ses compétitions, mais vous êtes toujours présente aux Jeux olympiques.**

Ce que je trouve fascinant, c'est que peu importe la piscine, Alexandre sait toujours où on est. Il nous trouve et siffle pour nous saluer. Un bassin olympique de natation et de plongeon, c'est immense. Celui de Pékin pouvait contenir 30 000 personnes. C'est comme s'il nous sentait. Il sait qu'on est là. Il a juste à se tourner.

**Comment vivez-vous sa carrière ?**

Intensément. L'année avant les Jeux olympiques, la pression, la tension, l'excitation, la peur, l'angoisse montent graduellement. Tout le monde le ressent dans la famille, sauf lui. Il ne faut surtout pas lui faire sentir qu'on a peur, qu'on est énervés.

**Est-ce que le plongeon prend une grande place dans votre relation ?**

Le plongeon n'est pas un sujet de conversation à la maison. Peu importe ses résultats, ce n'est pas grave. Quand il fait une contre-performance, il nous appelle toujours après, juste pour voir qu'est-ce qu'on va dire. Il ne nous prendra jamais à lui demander : « Qu'est-ce qui est arrivé ? » Jamais.

**À deux ans, Alexandre a failli se noyer. Que s'est-il passé ?**

On venait d'avoir une piscine, je suis entrée dans la maison pour répondre au téléphone. Je n'ai pas eu le temps d'entrer dans la maison qu'Alexandre s'est mis à courir jusque dans la piscine. Ma fille l'a pris par les cheveux et elle l'a tiré sur le bord. Et c'est là que j'ai entendu : « Maman, maman ! » J'ai été partie une fraction de seconde.

**Comment avez-vous vécu ce moment-là ?**

J'ai eu mal au cœur. Je ne peux pas l'exprimer. J'étais renversée de réaliser à quel point ça ne prend pas de temps pour qu'un accident arrive. Ce n'est pas parce qu'on avait négligé la sécurité. On avait construit la maison pour voir la piscine en tout temps. J'essaie d'oublier ce moment parce que je me dis que je peux toujours en vivre des semblables. J'ai failli le perdre à deux ans, et il ne faudrait pas que ça se reproduise. Ça vient peut-être de là ma grande peur… de la blessure… de la mort. Il y a des plongeurs qui sont morts. Trois, depuis qu'on est dans le monde du plongeon. Et ça peut nous arriver. Un manque de concentration pendant une fraction de seconde. Mais sa carrière achève. Dieu merci, ça achève!

**Est-ce que vous regardez ses plongeons ?**

Pas tout le temps, non. Je ne regarde pas les plongeons qui ont causé des morts. Surtout les plongeons renversés. Je me ferme les yeux. C'est comme une angoisse temporaire, ça dure le temps d'un plongeon. Ça vient me chercher dans mon cœur. Ça me donne des nausées. Quand les téléspectateurs nous voient dans les estrades, aux Jeux olympiques, on est en charpie. Je n'ai pas dormi la veille, j'ai mal au cœur, j'ai le souffle court, je ne parle pas. Mais quand il fait un bon plongeon, je saute, j'éclate, le temps de quelques secondes, jusqu'au prochain. C'est comme une vague, c'est comme accoucher, c'est comme des contractions. On ne peut rien faire. On n'a aucun pouvoir. Quand il est sur le bout du tremplin, c'est lui qui a le contrôle.

**Est-ce qu'il lui est déjà arrivé un incident ?**

C'était à Québec, pendant un championnat canadien. C'est ce jour-là qu'il a décidé de divorcer de la tour. C'était son avant-dernier plongeon au 10 mètres, et il s'est perdu dans les airs. Ça arrive parfois en plongeon, on ne sait plus où notre corps est dans l'espace. Il est arrivé sur la surface de l'eau comme un livre et a fait un énorme flat. Sa cuisse droite a ouvert et son visage était tuméfié. Il est tombé tellement raide que son coach a sauté à l'eau pour aller le chercher. Moi, je suis descendue des estrades. Je suis partie comme une flèche qui sortait de l'arc. Je le vois. Sa cuisse saigne. Il ne se ressemble plus tellement son visage est enflé. Je le regarde et j'ai juste le goût de pleurer. Je dis : « Mon Dieu, mon Dieu, mon Dieu ! Ce n'est pas grave, tu n'as rien de cassé, tu n'as pas de commotion, c'est correct. » Alors, il me regarde et me dit : « Ouais, mais, il faut que je continue. » Je lui réponds : « Voyons, tu ne peux pas plonger comme ça. » Il me dit : « Mom, il faut que je continue, il m'en reste un, c'est une qualification. Je n'ai pas le choix. Il faut que je fasse mon dernier plongeon. » La compétition a arrêté vingt minutes. Alexandre s'est enfermé dans une pièce, il a ramassé sa concentration. Ils lui ont demandé quand il était prêt. Il a dit : « Je suis prêt » et ils ont recommencé avec lui pour qu'il fasse son dernier plongeon. Il a fait un super plongeon. Là, il est sorti de l'eau et il a dit : « C'est fini, je ne fais plus de tour. »

En plus des accidents, il y a la douleur qui est inhérente à la condition d'athlète. Être un athlète, c'est vivre de grandes joies dans la souffrance. Jour après jour, malgré la douleur, ils continuent de se battre. Pour Alexandre, sa fracture de Pékin, c'est une souffrance. Son dos, c'est une souffrance quotidienne. J'ai le goût de pleurer quand je vois ça. Des fois, il m'appelle le soir et me dit : « Je suis crevé. » La seule affaire que je peux lui dire c'est : « Mange une petite soupe et couche-toi. Prends un bon bain chaud. » Mais il y a aussi la souffrance psychologique. Il a eu une grosse peine d'amour après les Olympiques d'Athènes. Ç'a été très dur, il est tombé très bas.

### Qu'est-ce que vous faites dans ce temps-là ?

Dans les moments difficiles, je l'écoute. On ne peut pas donner une pilule et dire que ça va passer. J'essaie de le soulager par une caresse, un bon repas. Qu'est-ce que tu veux faire ? Quand il a eu sa peine d'amour, il m'a appelée : « Mom, je ne vais pas bien. » J'ai tout lâché, j'ai dit : « Attends-moi vingt minutes. » Je suis partie. Je suis restée avec lui. J'ai dit : « Moi, je ne te quitte pas jusqu'à ce que tu ailles mieux. Tu as le choix : je couche ici ce soir ou tu t'en viens à la maison avec tes choses. » Il a pris ses choses et il est venu dans son refuge.

### À quel moment avez-vous été le plus fière de lui ?

Évidemment, je suis fière de ses exploits sportifs : ses médailles olympiques, ses championnats du monde. Mais ce que j'admire le plus, c'est que pour lui, dans la vie, il n'y a pas de problèmes, il n'y a que des solutions. Il ne s'énervera jamais dans un moment de panique. Je suis fière des petites choses simples aussi. Quand il fait une brassée de lavage et qu'il la plie, je suis bien fière de lui ! Pour lui, c'est un plus grand défi de préparer un repas que de plonger devant un milliard de spectateurs.

### Comment entrevoyez-vous la fin de sa carrière ?

Ce n'est pas un deuil. C'est plutôt la fin d'une magnifique carrière où il a ébloui la planète. Il s'est fait plaisir et, tout le temps qu'on lui a donné pour qu'il puisse devenir un grand athlète, il nous l'a rendu mille fois. Alors, pour nous, ce n'est pas un deuil. Quatre fois champion du monde, deux médailles d'argent olympiques… Quand on se dévoue à un sport comme il le fait, on court après un rêve. Être un Olympien, c'était un rêve. Il lui reste juste à décrocher l'or. Je dis toujours : « Quand tu montes sur un podium olympique, il n'y a pas de couleur. » Mais pour lui, l'or en a une. Je peux lui dire : « Mission accomplie. » Mais il a ses objectifs à lui. Moi, mon objectif, c'est qu'il soit bien.

# Christian Tétrault

## Marie au-delà de la vie

Christian Tétrault est entré de force dans ma vie. C'était au beau milieu de la saison des *Moquettes Coquettes*, l'émission de télévision que j'animais à l'époque avec mes amies. Alors que notre mentor à l'écriture depuis deux ans nous quittait, notre productrice nous a imposé Christian pour le remplacer. Notre première réaction a été un jugement sans appel : « C'est un *mononcle* qui va avoir le dernier mot sur nos textes ! » On le jauge, le juge et le nargue. Un peu comme des enfants devant le nouveau chum de leur mère. Ce mariage forcé ne semblait pas rendre le nouveau « beau-père » plus à l'aise que nous.

Pourtant, un jour, Christian me dit : « Cette année, les gens avec qui ça me touche le plus de travailler, c'est vous. » Je ne le crois pas. Ce doit être un mensonge pour m'amadouer. Il poursuit : « C'est vous, parce que si ma fille était toujours vivante, elle aurait presque votre âge. Elle serait peut-être votre amie. » Mes défenses se brisent. À partir de cet instant, je découvre un homme sage, aimant et profondément humain.

Marie est décédée il y a près de vingt-cinq ans. Elle avait deux ans et demi. Malgré tout, cette histoire père-fille s'écrit au présent. Christian ne s'est pas enfermé dans le passé. Il ne s'est pas laissé mourir un peu plus chaque jour. Sa relation avec sa fille n'est pas un lampion allumé à sa mémoire. C'est un lien vivant qui le nourrit et l'inspire. Malgré la douleur, elle reste une source de bonheur. Christian est convaincu que sa fille est toujours présente, qu'elle guide sa vie. Comme si Marie, en traversant de l'autre côté, avait renversé les rôles. C'est maintenant elle qui enseigne la vie à son père.

**Entrevue**

**Avant de parler de ta fille, j'aimerais connaître ta relation avec tes parents. Étais-tu plus proche de ta mère ou de ton père ?**

J'étais proche des deux. Mon père avait des ambitions pour moi. Il voulait que je sois avocat ou notaire. Au primaire, j'étais bon à l'école, mais au secondaire, je me suis planté. Je n'ai jamais senti que ma mère s'inquiétait de mon avenir. Par contre, elle s'inquiétait souvent de mon présent. (rires)

**Quel genre de relation avais-tu avec ta mère ?**

J'étais un peu son chouchou. Elle me trouvait beau bonhomme. (rires) C'est une blague, je faisais dur, j'avais des grandes oreilles puis des gros sourcils. Je savais qu'elle m'aimait. Je le voyais dans son regard. Elle ne me chicanait jamais, même pas quand je fumais du pot à l'adolescence.

*Christian me joue la scène entre lui et sa mère*

« Tu fais encore des niaiseries. Qu'est-ce qui pousse dans la cour en arrière ?
-C'est du pot.
-Bon ben, tu vas m'enlever ça. Ok ?
-Laisse-le pousser encore un peu.
-Juste un petit peu et après tu l'enlèves. »

**Elle ne te disputait jamais ?**

Le seul souvenir que j'ai de ma mère fâchée, c'est le jour où elle a sorti un bâton parce que j'écœurais les filles. Elle courait après moi dans la rue. Elle me disait :
« Là, je vais te donner un coup. T'as pas peur hein ?
-Non, j'ai pas peur, j'ai pas peur, maman.
-Faut que t'aies peur.
-Non, j'ai pas peur. »

Elle courait. Moi aussi. De temps en temps, je m'arrêtais et je m'écroulais de rire par terre. Ma pauvre mère. Elle aussi s'est mise à rire. Elle était incapable de continuer.

**Est-ce que ta mère te gâtait ?**

Le plus beau cadeau que j'ai eu dans la vie, c'est elle qui me l'a fait. Elle a adopté un petit frère. J'avais 11 ans.

**Comment ça s'est passé ?**

Ma cousine faisait un stage dans un orphelinat de l'est de Montréal. Après deux semaines, elle est revenue avec une photo du groupe dont elle s'occupait. Elle a montré le cliché à ma mère, qui

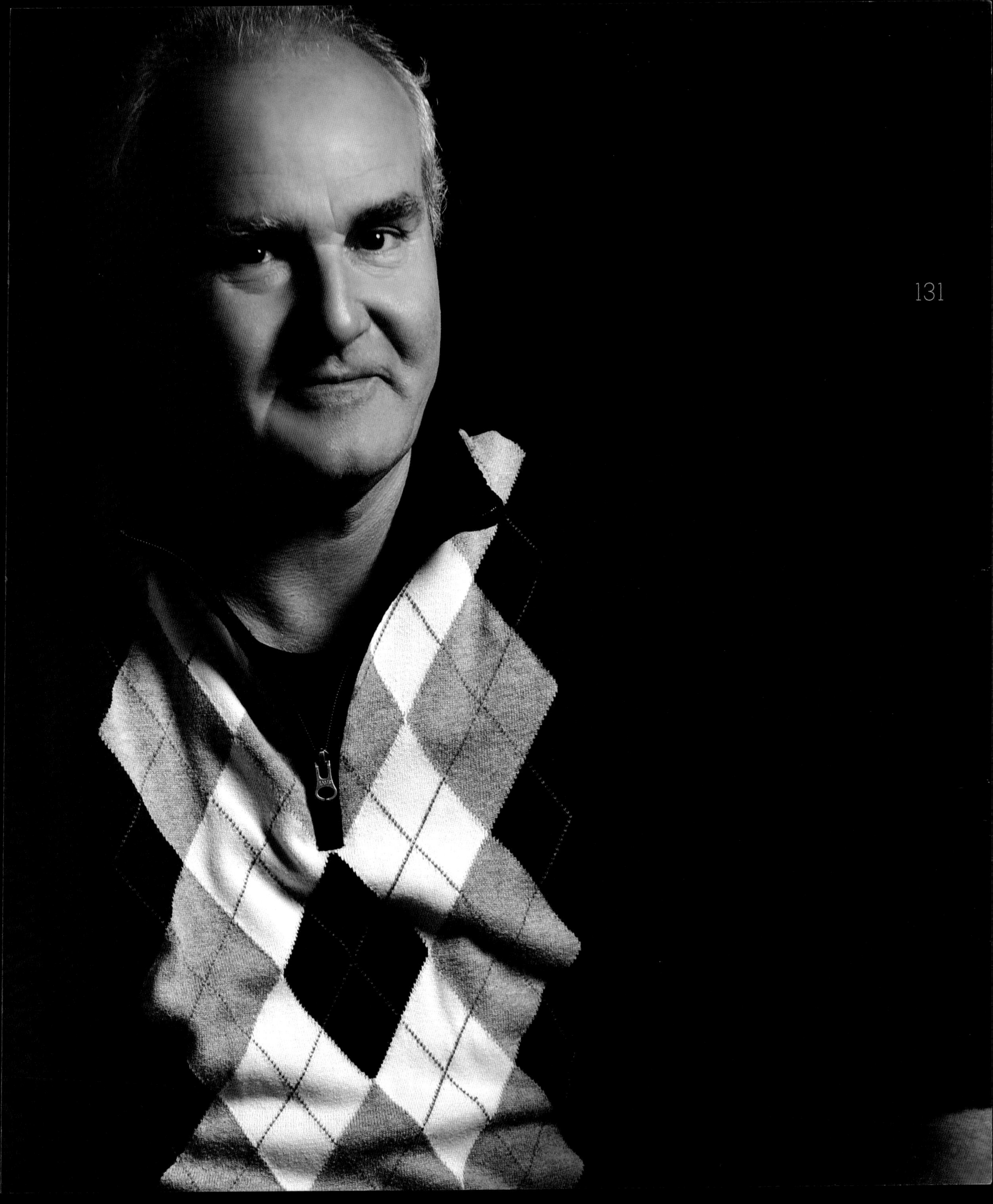

beau. Mon père a été séduit par le même enfant. Mes parents sont allés le voir et l'ont adopté trois jours plus tard. Avant que mon frère puisse vivre avec nous, les autorités ont fait une enquête. Trois mois plus tard, on l'a amené à la maison. Une responsable venait tous les deux mois pour voir comment ça se passait. Chaque fois qu'elle arrivait, je stressais. J'espérais qu'ils ne nous l'enlèvent pas. Heureusement, ils ne nous l'ont jamais enlevé. Il couchait dans la même chambre que moi. C'est lui qui est à la source de mon amour pour les enfants.

**Tu as toujours été convaincu que tu serais le père de trois petites filles. Pourquoi ?**

Très jeune, je m'imaginais le fier papa de trois petites filles. J'aime ça les filles, je trouve ça *cute*. J'étais certain que c'est ce qui m'arriverait. Peut-être parce que j'avais trois sœurs. Je m'imaginais déjà au centre d'achats avec mes trois filles, toutes habillées avec la même petite robe, les mêmes lulus. Peut-être que je voulais des filles pour ne jamais avoir à renoncer à mon trône. J'aurais été le seul homme de la maison. Le *king* de la place. Il s'est passé exactement le contraire. Aujourd'hui, j'ai trois fils.

**Tu as d'abord eu des jumeaux. Qu'est-ce que tu te souviens de la naissance de tes premiers enfants ?**

Mon fils, Félix, est né le premier. Marie, elle, a hésité longtemps avant de sortir. Quand elle s'est décidée, elle n'a pas eu à forcer parce que son frère avait fait le passage. Elle était exceptionnellement belle. Sa peau était rose et un peu cuivrée. Sa tête était parfaitement ronde et proportionnée. Quand ils sont nés, c'était le bonheur total, un rêve. Je sortais de l'hôpital avec un fils qui me ressemblait et une fille qui ressemblait à sa mère. Je ne peux même pas te décrire l'euphorie que je ressentais. Ça va trop vite. Tu montes si haut et l'émotion te transporte.

**Tu as écrit le livre *Je m'appelle Marie* où tu racontes, entre autres, le décès de ta fille. Peux-tu nous raconter ces événements tragiques ?**

Marie est morte d'une épiglottite, une inflammation de l'épiglotte, qui a bloqué ses voies respiratoires. La veille du décès de Marie, je courais derrière elle dans les corridors du cégep, où sa mère suivait des cours. Elle et son frère jumeau couvaient un petit rhume, comme ça arrive souvent aux enfants de cet âge. Ce soir-là, alors que ma femme et moi soupions chez des amis, nous recevons un appel de la gardienne, inquiète. La fièvre avait grimpé. Arrivés à la maison, nous nous demandons si nous allons à l'hôpital le soir même ou si nous attendons au lendemain matin. Comme nous entrevoyons une nuit sans sommeil, nous décidons d'aller à l'hôpital immédiatement. Le médecin examine ma fille et sort de la salle. Une seconde après, les yeux de Marie se révulsent et ses poumons se vident de tout leur air. Je sors avec ma fille dans mes bras et la donne au médecin, qui part avec elle en courant. À l'intercom, j'entends « code bleu ». Un homme me dit que ce code signifie le décès de quelqu'un. Je ne pense pas une seconde que ce puisse être ma fille. Puis, le médecin revient et prend mon fils, lui aussi malade. Je lui demande ce qui est arrivé à ma fille. Je lui dis que si quelque chose lui arrivait, il fallait me le dire pour que ce soit moi qui l'annonce à ma femme. Il me regarde pour évaluer mon état d'esprit. Puis me dit : « Votre fille est décédée. » Mon fils est resté plusieurs jours à l'hôpital, mais il a survécu. Comment veux-tu réagir ? Mon fils est sauvé, mais ma fille est morte.

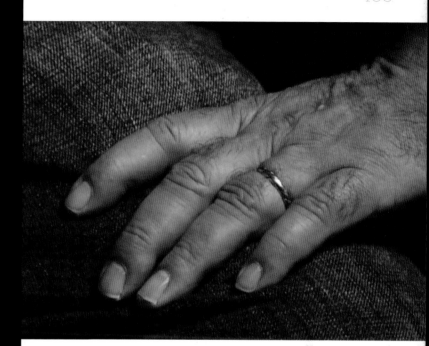

# Ma blessure, elle n'est pas vieille. Elle est neuve, elle est quotidienne.

**Comment as-tu vécu ce drame ?**

Tu vois, quand tu as des enfants, tu es tellement heureux que tu ne t'en rends pas compte. Tu te dis : « Stop : il faut que je prenne conscience de mon bonheur. » Et les émotions sont encore plus fortes. Une espèce de tourbillon. Quand ton enfant meurt, tu vis le même tourbillon, mais à l'envers. Dans l'autre sens. Tu te dis : « Il faut que j'arrête d'être malheureux, je ne suis plus capable. Je vais me tuer. » Et puis non, tu souffres encore plus. C'est essoufflant. C'est pour ça qu'à un moment donné, c'est comme si tu perdais conscience. La nature te shoote quelque chose. Ça te plonge dans un état second. Tu ne ressens plus rien. Tu ne vois plus rien. Tu ne sais plus rien. Il n'y a plus rien qui existe. Parce que dès que tu reprends le moindrement  contact avec la réalité, c'est insupportable.

**Comment fais-tu pour garder ton lien avec Marie ?**

Comment ferais-je pour ne pas le garder ? C'est plutôt ça, la question. C'est le fruit d'une grande réflexion. C'est tout le sens de la vie. Moi, j'ai la foi, une foi qui n'est pas dogmatique, catholique, chrétienne, juive ou musulmane. Elle est peut-être un peu bouddhiste.

**Avais-tu la foi avant ?**

Non, mais quand un drame comme celui-là t'arrive, tu es obligé de passer beaucoup de temps à réfléchir sur le sens de la vie. Sinon, ça na pas de sens. Ces réflexions-là peuvent t'amener n'importe où. Moi, ça m'a convaincu qu'il y a quelque chose après. Que la vie ne s'arrête pas ici.

**De quelle façon est-ce que ça se traduit ?**

Dans la vie, j'essaie de me laisser guider par la beauté et le positivisme. Je pense que nous sommes tous animés d'une force intérieure. Cette force-là se libère d'un corps à un moment donné, mais elle ne meurt pas. La force de Marie, c'était une force pure. Tu ne trouveras jamais rien de plus beau

# C'est ma blessure et je l'aime.

qu'une petite fille de deux ans et demi. Ça représente ce qu'il y a de plus fantastique dans la nature. Ça court, ça joue, ça grandit. Je sens que je suis entouré d'une aura de beauté et d'optimisme. Depuis le décès de Marie, qui est la pire des malchances, ma vie est une suite ininterrompue de chances. J'ai toujours bien gagné ma vie, et j'ai surtout

entretenu des relations exceptionnelles avec mes enfants. Je les aime et ils m'aiment en retour. Ils sont heureux chacun de leur côté. Je me trouve bien gâté. Ce bonheur-là provient du fait que je suis toujours capable de voir le côté positif des choses. Et ce qui me le permet, c'est cette aura qui s'appelle Marie. Je ne lui parle pas. Je n'en ai pas besoin. Et je dis merci à Marie. Est-ce que

je dis merci à Marie d'être décédée ? Non, parce que pour moi, Marie n'est pas décédée. J'apprends quotidiennement grâce à cette enfant-là. Elle me montre ce que la Bible et le Coran enseignent. C'est-à-dire à aimer les autres. De cette façon, on meurt heureux et on passe à l'autre étape.

**As-tu senti sa présence tout de suite ?**
Non. Je me suis rendu compte que je pensais tout le temps à elle. Puis, j'ai réalisé que tout allait toujours bien. Je ne l'ai pas oubliée. Elle a toujours été mon sujet de conversation préféré. Chaque fois que j'en parle, j'ai les yeux rouges et le motton. De savoir que son départ me donne encore des gargouillis dans l'estomac, ça me crée un bien-être qui n'est pas masochiste. Plutôt un : « Ah, tu es encore vivante. Tu me chatouilles encore. Tu me touches encore. Je te sens encore. » Malheureusement, ça provoque souvent un malaise chez les autres.

**Pourquoi, selon toi ?**

Ils ont peur d'éveiller de vieilles blessures. Mais ils ne réveillent rien.
Ma blessure, elle n'est pas vieille. Elle est neuve, elle est quotidienne. Elle est
là et j'y tiens. C'est ma blessure et je l'aime. Elle va toujours rester avec moi.
Mes fils vont tous partir. Elle, elle va rester. C'est sérieux quand je te dis que j'ai
la foi. Je pense que quand je vais mourir, il va se passer quelque chose de positif
avec moi. J'en suis convaincu. Ce n'est pas Dieu qui m'a montré ça, ce sont les
événements. J'ai l'impression que ma fille me dit : « Papa, regarde, je suis là.
Je te protège. Je suis ton contact avec la vie après la vie. »

**Comment vois-tu ta propre mort ?**

J'aimerais être seul, dans une chambre d'hôtel à Chicago. Ma fille serait là.
Elle me dirait : « Viens-t'en. Je t'attends, mon homme. N'aie pas peur.
J'ai deux ans et demi et je suis passé au travers. Tu as peur de quoi, là ?
Viens-t'en. On est bien. » Je suis aussi un écrivain et c'est comme ça que
je le traduis. Mais ma fille n'a pas de corps. Elle assume un autre type de
présence. Je ne crois pas que je vais réellement entendre sa voix. Je vais être
absorbé par cette force-là. Peu importe ce qu'il y a de l'autre côté. Elle y est
allée. Elle semble me montrer qu'il y a quelque chose après, parce que je
la sens encore avec moi.

# Conclusion

## La suite des entrevues

Quelques mois après mon entrevue avec lui, je croise
Jean-François Mercier. Il me pointe du doigt en disant :
« Toi là ! Depuis ton entrevue… » La phrase restée en suspens
me laisse présager le pire. J'imagine sans peine une suite
comme «  je suis en chicane avec ma mère. » La réalité est
tout autre : « … ça n'a jamais aussi bien été entre ma mère
et moi. Ça nous a permis de mieux comprendre le point de vue
de l'autre. » Je suis sonnée. Cet entretien aura été une surprise
jusqu'à la fin.

Un soir, Roxane, mon ancienne professeure de français,
me téléphone. Son amoureux vient de lui lire mon texte.
J'attends ses commentaires comme, treize ans plus tôt,
j'attendais ma copie d'examen corrigée. Elle est émue.
Elle me raconte que, deux ans après avoir été forcée de quitter
son emploi, elle a reçu comme seul hommage pour ses loyaux
services une petite lettre. Toute bête. Toute fonctionnarisée.
Étant donné son incapacité, son contrat n'était pas renouvelé,
y apprenait-elle. Pas de bien-cuit, pas de pot de départ, pas
de texte poignant et humoristique rédigé par ses collègues.
Elle, qui en avait si souvent écrit pour ses amis partant à
la retraite, n'aurait pas de témoignage la célébrant. « Cette
entrevue, me dit-elle, vient réparer cet oubli. » C'est le plus bel
hommage qu'elle pouvait imaginer. Elle me révèle aussi que
son fils a écouté, à quelques mètres de distance, tout le récit.
À la fin, il s'est approché d'elle en lui demandant : « C'est vrai,

maman, que si tu avais eu à choisir entre ta vue et moi, c'est moi que tu aurais pris ? » Elle lui a assuré que c'était la vérité. Soulagé, il s'est blotti contre elle. Peut-être que cette entrevue venait répondre à des questions qu'il n'avait jamais osé poser.

Lors de la dernière entrevue réalisée pour ce livre, celle avec Patricia Paquin, je suis fatiguée. Pourtant, je suis au lit très tôt tous les soirs, je ne fais aucun excès, je passe mes fins de semaine à terminer la rédaction. Peut-être que la fin de ce projet me demande plus d'énergie que je l'imagine. Je termine donc cette entrevue et, plutôt que de célébrer, je retourne me coucher. En plein après-midi. Quelques jours plus tard, j'apprends que je suis enceinte. Comme si, à travers ces treize entrevues, ces treize histoires sur les relations père-fille et mère-fils, j'avais puisé le courage de plonger à mon tour dans l'aventure, du côté gauche du tiret. À toi, ma petite pêche dans mon ventre, je nous souhaite la plus saine, la plus vibrante et la plus puissante relation mère-fille ou mère-fils possible.